D1720028

Svetlana Sailer

Finanzierung von Projekten im Bereich erneuerbarer Energien

am Beispiel von Belarus

Diplomica Verlag GmbH

Sailer, Svetlana: Finanzierung von Projekten im Bereich erneuerbarer Energien: am Beispiel von Belarus. Hamburg, Diplomica Verlag GmbH 2013

Buch-ISBN: 978-3-8428-9254-5
PDF-eBook-ISBN: 978-3-8428-4254-0
Druck/Herstellung: Diplomica® Verlag GmbH, Hamburg, 2013

Bibliografische Information der Deutschen Nationalbibliothek:
Die Deutsche Nationalbibliothek verzeichnet diese Publikation in der Deutschen Nationalbibliografie; detaillierte bibliografische Daten sind im Internet über http://dnb.d-nb.de abrufbar.

© Diplomica Verlag GmbH
Hermannstal 119k, 22119 Hamburg
http://www.diplomica-verlag.de, Hamburg 2013
Printed in Germany

Inhaltsverzeichnis

Abbildungs- und Tabellenverzeichnis

Abkürzungsverzeichnis

AB	Aktiebolag
Abb.	Abbildung
AG	Aktiengesellschaft
AKW	Atomkraftwerk
Art.	Artikel
Aufl.	Auflage
Bd.	Band
BIP	Bruttoinlandsprodukt
bps	Basispunkt
BYR	Weißrussischer Rubel
bzw.	Beziehungsweise
ca.	circa
cal	Calorie
CDM	Clean Development Mechanism
CIA	Central Intelligence Agency
CPI	Corruption Perceptions Index
ct	Eurocent
Diss.	Dissertation
EBRD	European Bank for Reconstruction and Development
ECA	Export Credit Agency
EK^M	Marktwert des Eigenkapitals
et al.	und andere
f.	folgende
FDI	Foreign Direct Investment

ff.	fortfolgende
FK^M	Marktwert des Fremdkapitals
GEF	The Global Environment Facility
GK^M	Marktwert des Gesamtkapitals
GUS	Gemeinschaft unabhängiger Staaten
Hrsg.	Herausgeber
i	Fremdkapitalzinssatz
i.e.S.	im engeren Sinne
i.w.S.	im weiteren Sinne
IADB	Inter-American Development Bank
IBRD	International Bank for Reconstruction and Development, Worldbank i.e.S.
IEA	International Energy Agency
IFC	International Finance Corporation
IMF	International Monetary Fund
J	Joule
Jg.	Jahrgang
JI	Joint Implementation
Kap.	Kapitel
kVA	Kilovoltampere
KWK	Kraft-Wärme-Kopplung
LIBOR	London Interbank Offered Rate
NATO	North Atlantic Treaty Organization
NIE	New Institutional Economics
Nr.	Nummer
OECD	Organisation for Economic Co-operation and Development
offene AG	Offene Aktiengesellschaft

1 Einführung

1.1 Problemstellung

Ähnlich wie Deutschland verfügt Weißrussland (die Republik Belarus) kaum über eigene Öl- und Gasvorkommen und ist deshalb auf Importe von mehr als 85 % seiner Energieträger aus Russland angewiesen. Für die Durchleitung des russischen Gases nach Westeuropa wurde das Land mit niedrigen Energiepreisen subventioniert. In den letzten Jahren haben sich die russisch-belarussischen Beziehungen stetig verschlechtert. 2006 musste Weißrussland einer 50%-Beteiligung von Gazprom am eigenen Pipelinebetreiber Beltransgas zustimmen, um eine drastische Gaspreiserhöhung um 325 % zu vermeiden.[1] Durch die für das Jahr 2011 vorgesehene Fertigstellung der Ostseepipeline Nordstream wird die Machtposition Weißrusslands als wichtiges Transitland deutlich geschwächt. Bis dahin sollen die russischen Subventionen vollkommen abgeschafft werden.[2] Erschwerend kommt hinzu, dass der Primärenergieverbrauch des Landes durch einen außerordentlich hohen Anteil an Erdgas gekennzeichnet ist und die Energieintensität[3] der Wirtschaft das Niveau der Europäischen Union um das Zweifache übersteigt.[4]

Andererseits verfügt Weißrussland als Agrarland über erhebliche Ressourcenpotentiale, was vor allem die Nutzung von Biomasse (Holz und Holzabfälle, Tier- sowie kommunale Abfälle, Energiepflanzen u.a.) und Windenergie betrifft, die bis dato noch in relativ geringem Maß erschlossen sind. Dabei rechnet die belarussische Regierung in den nächsten Jahren mit einem starken Zuwachs bei der Nutzung einheimischer nachwachsender Rohstoffe.[5]

Aus diesen Gründen ist eine verstärkte Nutzung der einheimischen und regenerativen Energiequellen für die Strom- und Wärmeversorgung Weißrusslands strategisch enorm wichtig.

Dadurch wird nicht nur die Diversifikation im Energiesektor erreicht, sondern auch die Energieversorgungssicherheit des Landes erhöht[6] und die technologische Entwicklung vorangetrieben. Zu den weiteren positiven Auswirkungen des Ausbaus erneuerbarer Energiequellen

---

[1] Vgl. Hett (2007), S. 6; Götz (2006), S. 14.
[2] Vgl. Meister (2010).
[3] Die Energieintensität wird nach der IEA-Definition als Primärenergieverbrauch pro Einheit des Bruttoinlandsprodukts gemessen. Vgl. IEA (2004), S. 554.
[4] Vgl. Hett (2007), S. 4.
[5] Vgl. dena (2009), S. 37 ff.
[6] Noch der britische Premierminister Winston Churchill hat Anfang des 20. Jahrhunderts die Wichtigkeit der Diversifikation im Energiesektor aufgrund der hohen Weltabhängigkeit vom Rohöl betont: „Safety and certainty in oil lie in variety and variety alone", abgedruckt in Yergin (2006), S. 69.

zählen das Schaffen neuer Arbeitsplätze und die Reduktion des CO_2-Ausstoßes.[7] So gehören in Deutschland die regenerativen Energien zu den wichtigsten Wachstumsmotoren.[8]

Die Finanzierung von solchen Projekten wird in der Literatur[9] oft als Schlüsselfaktor für die Implementierung von Technologien zur Nutzung erneuerbarer Energien angesehen. Dabei ist die Finanzierung in Weißrussland aufgrund der relativ problematischen rechtlichen Rahmen-bedingungen und Eigentumsrechte enorm erschwert. Es fehlt weiterhin an Investitionsmitteln sowie an Know-how.

Vor diesem Hintergrund ist das Ziel der vorliegenden Studie, einerseits die Rahmenbedingun-gen für Investitionen in Projekte zur Nutzung erneuerbarer Energien in Belarus zu analysieren sowie die Finanzierungsmöglichkeiten für diese Investitionen darzustellen und zu bewerten. Ziel ist ferner, die Entwicklungsperspektiven des Marktes für regenerative Energiequellen in Belarus unter Berücksichtigung der Finanzierungsmöglichkeiten zu untersuchen.

1.2 Begriffserklärungen und Gang der Untersuchung

Die Darstellung eines Energiesektors bedarf zunächst der Erläuterung einiger Begriffe. In Abhängigkeit von der Stufe ihrer Umwandlung werden Energieträger in primäre und sekundä-re aufgeteilt.[10] Zu Primärenergieträgern gehören Stoffe, die noch „keiner technischen Um-wandlung unterworfen wurden"[11], wobei deren Energiegehalt als Primärenergie bezeichnet wird. Aus Primärenergieträgern (das sind beispielsweise Erdgas, Erdöl, Steinkohle und Bio-masse) bzw. Primärenergie (Wind- und Wasserkraft) werden direkt oder durch geeignete technische Verfahren Sekundärenergieträger bzw. Sekundärenergie gewonnen. Dazu gehören beispielsweise Benzin und Rapsöl als Energieträger sowie elektrischer Strom, Wärme und heißes Wasser als sekundäre Energien.[12]

Erneuerbare (oder regenerative) Energie ist Energie aus unerschöpflichen[13] Quellen. Eine Quelle kann als unerschöpflich bezeichnet werden, wenn sie sich entweder aus kurzfristiger Sicht von selbst erneuert (nachwachsende Rohstoffe) oder sich durch ihre Nutzung nicht er-

---

[7] Vgl. Kriedel (2008), S. 1; Meißner/Ueckerdt/Schenk (2010), S. 4.
[8] Vgl. AEE/Schmidt (2010), S. 1ff.
[9] Siehe dazu Liming (2008); Wiser/Pickle (1998).
[10] Die sog. dritte Stufe der Umwandlung – die Nutzenergie (z.B. das aus dem Strom gewonnene Licht) – ist kein Gegenstand dieser Studie.
[11] Kaltschmitt (2006), S. 2.
[12] Vgl. Kaltschmitt (2006), S. 2 ff.
[13] Vgl. Kaltschmitt (2009), S. 9.

schöpft.[14] Unter erneuerbare Energien fallen nach dem deutschen Erneuerbare-Energien-Gesetz (EEG) „Wasserkraft einschließlich der Wellen-, Gezeiten-, Salzgradienten- und Strömungsenergie, Windenergie, solare Strahlungsenergie, Geothermie, Energie aus Biomasse einschließlich Biogas, Deponiegas und Klärgas sowie aus dem biologisch abbaubaren Anteil von Abfällen aus Haushalten und Industrie"[15].

Im Rahmen dieser Studie liegt der Fokus wegen der klimatischen Bedingungen in Belarus nur auf Windenergie und auf Energie aus Biomasse (siehe Definition im Anhang 1). Die aus Biomasse erzeugte Energie oder Energieträger werden oft mit dem Zusatz „Bio" bezeichnet (Biostrom, Biokraftstoff).

Für die Bearbeitung des Themas sind eine Erklärung und Abgrenzung der Begriffe Energieeffizienz und erneuerbare Energie notwendig. Energieeffizienz ist „das Verhältnis des Einsatzes von Energie (Input) zur erzielten Dienstleistung im weitesten Sinn (Output)"[16], wobei die gewünschte Leistung mit möglichst geringem Energieeinsatz angestrebt wird. Dies ist nachhaltig nur erreichbar, wenn unnötiger Verbrauch vermieden wird.[17] Deshalb zählen Infrastrukturprojekte, die auf effiziente Energieproduktion und -übertragung ausgerichtet sind, meist auch zu Projekten zur Energieeffizienzerhöhung. Das gilt beispielsweise für die Modernisierung der Erzeugungskapazitäten oder die Nutzung regenerativer Energien zur Strom- und Wärmeproduktion. Somit kann der Ausbau erneuerbarer Energien als Energieeffizienzmaßnahme angesehen werden. In der Literatur werden jedoch beide Begriffe aufgrund ihrer wichtigen Rolle beim Klimaschutz oft gleichgestellt.

Bei Projekten zur Strom- und Wärmeerzeugung aus erneuerbaren Energiequellen wird zwischen kleinen (dezentrale oder Off-Grid-Energieerzeugung) und großen Projekten (zentrale oder On-Grid-Erzeugung) unterschieden. Ebenso wie die Projekte selbst sind auch die Finanzierungsmechanismen beider Typen unterschiedlich. Große Projekte sind durch komplexe Finanzierungsstrukturen gekennzeichnet, wobei Investoren umfassende Fähigkeiten und Erfahrung einbringen müssen.[18]

Das Untersuchungsfeld im Rahmen dieser Studie sind an erster Stelle große und mittlere On-Grid-Projekte, da sie aus mittelfristiger Perspektive einen signifikanten Beitrag zur Energie-

---

[14] Vgl. FVEE (2010), S. 4.
[15] § 3 Abs. 3 EEG.
[16] Berger/Bachmann/Cremer (2005), S. 116.
[17] Vgl. Pehnt (2010), S. 2 ff.
[18] Vgl. UNECE (2010a), S. 8 f.

versorgungssicherheit des Landes sowie zur Technologiediffusion leisten können. Kleine dezentrale Projekte zur Strom- und Wärmeproduktion aus erneuerbaren Energiequellen werden in Belarus im Hinblick auf die hohe Importabhängigkeit von primären Energieträgern einstweilen eine sekundäre Rolle spielen. Deshalb werden sie wie auch deren Finanzierungsmechanismen nur am Rande behandelt.

In der Literatur trifft man oft auf den Ausdruck „Investitionen in erneuerbare Energien"[19]. Darunter werden Investitionen in Projekte zur Nutzung erneuerbarer Energien verstanden. In der vorliegenden Studie wird auf diesen Ansatz ebenso zurückgegriffen.

Die Abhandlung ist wie folgt strukturiert. Zunächst werden in Kap. 2 die Entwicklungsaspekte des weißrussischen Energiemarktes dargestellt und analysiert. Dabei wird in Kap. 2.1 nach dem allgemeinen Landesüberblick der belarussische Energiemarkt beschrieben und analysiert. Darunter fallen Märkte für Primär- und für Sekundärenergie sowie Institutionen, die diese Märkte regulieren. Im Kap. 2.2 werden die politischen Maßnahmen im Energiesektor und die ökonomische Entwicklung des Landes dargestellt. Ein Überblick über die rechtlichen Rahmenbedingungen in Belarus als Grundlage für die Investitionstätigkeit wird in Kap. 2.3 gegeben. Ein besonderer Fokus liegt dabei auf den Risikofaktoren, die mit einer ausländischen Investition in erneuerbare Energien verbunden sind.

In Kap. 3 werden Quellen und Mechanismen der Finanzierung von Projekten zur Erzeugung sauberer Energie dargelegt. Eine besondere Rolle spielt dabei die theoretische Fundierung von praktischen Vorgängen. Investoren, die sich mit Eigenkapital an einem Projekt beteiligen – und dazu zählen strategische sowie Finanzinvestoren –, werden in Kap. 3.1 untersucht. Fremdkapitalinvestoren (Kap. 3.2) haben eine zentrale Stellung in dieser Studie. So wird das Verfahren der Kreditvergabe durch Geschäftsbanken hinsichtlich einer klassischen Kreditfinanzierung „on balance sheet" und einer Projektfinanzierung betrachtet. Dabei wird die Projektfinanzierung (und Public Private Partnership als spezielle Form der Projektfinanzierung) in den Vordergrund gestellt. Die Kreditvergabe durch internationale Organisationen als ein bedeutender zusätzlicher Finanzierungsmechanismus wird den Abschnitt über die Fremdkapitalzuführung vervollständigen. Die Finanzierung durch Subventionen als Instrument staatlicher Fiskalpolitik und darunter Exportkreditgarantien des Staates wird in Kap. 3.3 ausgeführt.

---

[19] Vgl. Pfeifer (2009), S. 168; Suck (2008), S. 251.

Praktische Beispiele von (Pilot-)Projekten[20] zur Energieerzeugung aus regenerativen Energiequellen in Belarus verdeutlichen die theoretischen Strukturen und runden sie ab.

Das Kap. 4 liefert einen Überblick über Entwicklungsperspektiven des Sektors erneuerbarer Energien in Belarus sowie ihre potentiellen Auswirkungen auf die belarussische Wirtschaft.

Im Schlussteil der Studie erfolgt eine Zusammenfassung der Inhalte und Ergebnisse der Studie.

---

[20] Im Hinblick darauf, dass das Thema erneuerbare Energien in Belarus erst seit einigen Jahren breite Aufmerksamkeit gewonnen hat, gibt es noch keine Beispiele erfolgreich abgeschlossener Großprojekte. Alle im Rahmen dieser Studie dargestellten Projekte unter Einbezug des privaten Sektors sind entweder Vorhaben oder Pilotprojekte, die sich gerade im Realisierungsstadium befinden.

2 Entwicklungsaspekte des belarussischen Energiemarktes

2.1 Länderprofil und Struktur des Energiemarktes

2.1.1 Länderprofil Belarus

Für viele Europäer ist Weißrussland (Belarus) „ein weißer Fleck auf der Karte". Dabei befindet sich das Land im geografischen Zentrum Europas. Über dessen Territorium führen die kürzesten Transportwege, welche die GUS-Staaten mit den westeuropäischen Staaten verbinden. Belarus grenzt an Polen, die baltischen Länder, Russland und die Ukraine. Die Fläche dehnt sich auf 207.000 km² aus. Es leben knapp 10 Mio. Menschen in Belarus, ca. 70 % davon in Städten. In der Hauptstadt Minsk lebt etwa ein Fünftel der Einwohner des Landes. Administrativ gesehen gibt es sechs Regionen in Belarus.[21]

Belarus ist eines der ökonomisch entwickelten Länder Osteuropas mit einem realen BIP-Jahreswachstum[22] von über 9 % in den Jahren 2003 bis 2008 und einem Pro-Kopf-BIP, das sich den neuen EU-Ländern wie Bulgarien und Rumänien annähert.[23] Der Industriesektor, gefolgt von der Landwirtschaft, spielt die wichtigste Rolle in der belarussischen Wirtschaft.[24] Diese Situation bestimmt die wachsende Energienachfrage und die Notwendigkeit des Ausbaus des Brennstoff- und Energiebereiches im Gleichschritt mit dem Tempo des ökonomischen Wachstums.[25]

1991 hat Belarus seine Unabhängigkeit von der ehemaligen Sowjetunion erklärt.[26] Staatsoberhaupt der Republik Belarus ist der seit 1994 regierende Präsident Alexander Grigorjewitsch Lukaschenko. Der Präsident ist mit weitgehenden Vollmachten und Rechten ausgestattet. Die gesetzgebende Gewalt liegt beim Parlament, das aus dem Repräsentantenhaus (110 Mitglieder) und dem Rat der Republik (64 Mitglieder) besteht und von Anhängern des Präsidenten dominiert ist.[27] Bei den ersten und einzigen demokratischen Präsidentenwahlen hat Lukaschenko die absolute Mehrheit der belarussischen Bevölkerung erhalten.[28] Seitdem regiert er autokratisch. Im Jahr 2004 hat Lukaschenko die Verfassung geändert, so

---

[21] Vgl. Energieministerium der Republik Belarus (2009), S. 5.
[22] Das reale BIP-Wachstum lag im ersten bis dritten Quartal 2010 bei 6,6 %. Dies wurde jedoch durch eine Fiskalpolitik gesteuert, welche auch die Inflation auf 9 % im September erhöht hat. Vgl. Euler Hermes Kreditversicherungs-AG (2010).
[23] Vgl. UNECE (2010b), S. 3; The World Bank Group, Data.
[24] Vgl. UNECE (2010b), S. 3.
[25] Wirtschaftswachstum führt wiederum oft zu Umweltverschmutzung. Vgl. UNECE (2010b), S. 3.
[26] Vgl. UNECE (2010b), S. 90.
[27] Vgl. Deloitte & Touche FE (2008), S. 4.
[28] Vgl. Savchenko (2009), S. 171.

dass es keine Beschränkungen mehr im Hinblick auf seine Wiederwahl gibt.[29] Bei den letzten Präsidentenwahlen im Dezember 2010 gewann Lukaschenko mit ca. 80 % aller Stimmen, ähnlich wie im Jahr 2006. Die Organisation für Sicherheit und Zusammenarbeit in Europa (OSCE) hat die Wahlen für fehlerhaft erklärt.[30] Die Wahlergebnisse haben massive Proteste der Opposition ausgelöst, die mit hunderten von verhafteten Demonstranten einschließlich aller sieben Präsidentschaftskandidaten endeten. Dies kann zu EU- und US-Sanktionen führen, so dass sich die internationale Isolation des Landes fortsetzen kann.[31]

Seit seiner Unabhängigkeitserklärung hat Belarus den Transformationsprozess[32] „von der Zentralverwaltungswirtschaft in die Marktwirtschaft noch nicht richtig bewältigt"[33]. Nahezu zwei Drittel der Produktionsmittel befinden sich in staatlicher Hand[34], nur ca. 25 % des BIP werden durch den privaten Sektor erwirtschaftet.[35] So befindet sich der gesamten Rohstoffsektor Weißrusslands (und dazu gehören Unternehmen, die mit ihrer Tätigkeiten den nationalen Energiemarkt abdecken) fast ausschließlich im Besitz des Staates (siehe dazu Kap. 2.1.2) und weist somit einen hohen Zentralisierungsgrad auf.

Vielmehr hat Lukaschenko seit Anfang seiner Regierung das Land in Richtung sozialistischer Marktwirtschaft gesteuert. Im Einklang mit dieser Politik hat er administrative Kontrollen über Preise und Wechselkurse wiedereingeführt und das Recht des Staates erweitert, in das Management von privaten Unternehmen einzugreifen. Seit 2005 hat der Staat einige von ihnen wieder verstaatlicht. Darüber hinaus standen Unternehmen unter dem Druck zentraler und lokaler Regierungen. Dies bedeutet willkürliche Änderungen der Vorschriften, zahlreiche strenge Kontrollen und die rückwirkende Anwendung neuer Vorschriften für Unternehmen. Diese staatliche Kontrolle über das Wirtschaftsgeschehen erschwerte den Markteintritt sowohl für inländische als auch für ausländische Unternehmen.[36]

Allerdings haben die veränderten Rahmenbedingungen wie die Finanzkrise und die Verschlechterung der politischen Beziehung zu Russland die Notwendigkeit politischer Reformen mit sich gebracht und die Annäherung an die westlichen Ökonomien angekurbelt. Ferner er-

---

[29] Vgl. dena (2009), S. 8.
[30] Vgl. Malerius (2010).
[31] Vgl. Euler Hermes Kreditversicherungs-AG (2010); Dehmer (2007).
[32] (System-)Transformation bedeutet den Wandel eines Wirtschaftssystems, den Übergang von einer kommunistischen Planwirtschaft zu einer sozialistischen Marktwirtschaft. Vgl. Liefner (2006), S. 19 f.
[33] Wiesner (2004), S. 52.
[34] Vgl. Utkina/Hercksen (2010), S. 3.
[35] Vgl. dena (2009), S. 9.
[36] Vgl. CIA (2011).

fordert der angestrebte Beitritt des Landes zur Welthandelsorganisation (WTO) die wirtschaftliche Liberalisierung in verschiedenen Bereichen. Vor diesem Hintergrund hat Belarus mit dem Verkauf von Staatsbetrieben und der Schaffung neuer Möglichkeiten für lokale und ausländische Investoren begonnen.[37] Dies beschleunigte den Transformationsprozess, der durch den beginnenden Wandel im Wirtschaftssystem gekennzeichnet ist. So wird Belarus zu einem Transformationsland, das westliche Unterstützung anstrebt.[38] Überdies zählen einige internationale Organisationen Belarus zu den Schwellenländern[39] (Emerging Markets).[40] Bei Emerging Markets i.w.S. handelt es sich um die Länder, die sich durch das Überwinden der Strukturmerkmale eines Entwicklungslandes auf dem Weg zu einem Industrieland befinden.[41]

2.1.2 Akteure des Energiemarktes

Ein Energiemarkt ist ein Markt für den Handel mit Energie(trägern) sowie für die Energieversorgung. Akteure des belarussischen Energiemarktes, der durch Elektrizitäts-, Erdöl- und Erdgas- sowie Torf- und Braunkohlebereiche gekennzeichnet ist, befinden sich mit einer Teileinschränkung (siehe unten) in Staatshand.[42] Dies bedeutet, dass der Energiepreis im Land nicht aus dem Verhältnis von Angebot und Nachfrage resultiert, sondern zentralistisch vorgegeben wird und somit auch nicht die realen Kosten widerspiegelt.

Die wichtigsten Energiemarktteilnehmer Weißrusslands sind nach ihren ökonomischen Aktivitäten innerhalb des Brennstoff- und Energiebereiches unterteilt und dem Energieministerium der Republik Belarus[43] zugeordnet. Das sind

- die staatliche Produktionsvereinigung Beltopgas, die für die Gasversorgung sowie die Förderung und Verarbeitung von Torf und Braunkohle verantwortlich ist,

- die offene AG Beltransgas, deren Haupttätigkeit die Förderung und Lieferung von Erdgas zu Endverbrauchern sowie der Gastransit aus Russland ist (seit dem 3. März

---

[37] Vgl. UNCTAD (2009), S. 5
[38] Vgl. OWC/Belarus Aktuell (2010), S. 1 ff.
[39] Die Schwellenländer sind durch das rasche Wirtschaftswachstum und die hohe Anpassungsfähigkeit an sich ändernde Rahmenbedingungen gekennzeichnet. So überstanden sie nach Angaben des IMF den globalen Konjunkturabschwung besser und erholten sich davon schneller als fortgeschrittene Volkswirtschaften. Vgl. Kose/Prasad (2010), S. 7.
[40] Nach den Länderkategorien des IMF ist Belarus eine „emerging and developing economy", nach der Definition der Worldbank eine „upper-middle-income economy". Vgl. IMF, Country Information; The World Bank Group, Country and Lending Groups.
[41] Vgl. Strietzel (2005), S. 14; Wilhelmi (2007), S. 15.
[42] Vgl. dena (2009), S. 11ff.
[43] Das Energieministerium der Republik Belarus ist ein republikanisches Organ der staatlichen Verwaltung, das die Energiepolitik des Landes gestaltet und durchführt. Vgl. Energieministerium der Republik Belarus (2009), S. 9 f. sowie Ministerratsbeschluss der Republik Belarus Nr. 1330 vom 10.09.2008.

2010 ist die Beltransgas zu 50 % im Besitz des Staates und zu 50 % im Besitz der russischen offenen AG Gazprom)[44],

- und die staatliche Produktionsvereinigung Belenergo – der wichtigste Teilnehmer auf dem Elektrizitäts- und Wärmemarkt.[45]

Der staatliche Konzern Belneftekhim vereinigt Unternehmen und Organisationen aus Bereichen der Förderung und Raffination von Erdöl sowie der Chemie und der Petrolchemie und ist dem Ministerrat der Republik direkt unterstellt.[46]

Im Folgenden wird die staatliche Produktionsvereinigung Belenergo aufgrund ihrer herausragenden Stellung auf dem Energiemarkt für die Bearbeitung des Themas eine besondere Rolle spielen.

2.1.3 Primärenergie: Öl, Gas, erneuerbare Energien

Belarus ist zu mehr als 85 % auf Energieimporte angewiesen. Die einheimischen Ressourcen (einschließlich erneuerbarer Energiequellen) decken nur 13 % des Energiebedarfs des Landes.[47] Dazu gehören Torf, Biomasse (hauptsächlich Holz), geringe Mengen an Rohöl, Kohle, Erdgas und Wasserkraft. Der Primärenergieverbrauch des Landes ist durch einen außerordentlich hohen Anteil (63 %) von Erdgas sowie einen relativ hohen Anteil von Rohöl (30 %) gekennzeichnet[48], die aus der Russischen Föderation importiert werden.[49]

In Belarus werden weniger als 10 % der gesamten importierten Rohölmenge gefördert. *Rohöl* wird zu Mineralölerzeugnissen verarbeitet und zu 90 % ins Ausland exportiert.[50] Somit ist die erdölverarbeitende Industrie mit einem Anteil von mehr als 30 %[51] an der gesamten Industrieproduktion (die ihrerseits ein Viertel des BIP[52] ausmacht) ein bedeutsamer Wirtschaftszweig.[53] Die niedrigen (von Russland subventionierten) Preise haben dazu geführt, dass sich die Rohölimporte im Zeitraum von 2000 bis 2006 auf jährlich 21 Mio. Tonnen[54] fast verdoppelt haben. Am 1. Januar 2007 hat Russland jedoch einen Öl-Ausfuhrzoll in Höhe von

---

[44] Vgl. Beltransgas, Geschichte.
[45] Vgl. dena (2009), S. 12 ff.; Energieministerium der Republik Belarus (2009), S. 11 ff.
[46] Vgl. dena (2009), S. 11 ff.; Ministerratsbeschluss der Republik Belarus Nr. 788 vom 26.06.1997.
[47] Vgl. dena (2009), S. 17.
[48] Vgl. IEA Energy Statistics, Share of total primary energy supply.
[49] Vgl. dena (2009), S. 17; UNECE (2009), S. 16.
[50] Vgl. UNECE (2010b), S. 91.
[51] Vgl. Nationales Komitee für Statistik der Republik Belarus, Main indicators of industry.
[52] Vgl. Meyer (2010a).
[53] Vgl. Hett (2007), S. 4.
[54] Vgl. Nationales Komitee für Statistik der Republik Belarus, Main indicators of foreign trade.

180 US-$ je Tonne[55] eingeführt (und ein Jahr später auf 333,8 US-$ je Tonne[56] angehoben), wodurch die Attraktivität des Geschäftes für Belarus dramatisch gesunken ist. Der Grund dafür war der angebliche Verstoß Weißrusslands „gegen eine bilaterale Übereinkunft über den Export der Erdölderivate"[57]. Die belarussische Regierung wehrte sich dagegen, was einen Streit mit Russland und einen mehrtägigen Lieferstopp für Öl durch die Pipeline „Druschba" nach Belarus und somit auch nach anderen westeuropäischen Ländern verursacht hatte. Die belarussische Raffinerieproduktion musste somit heruntergefahren werden.[58]

Erdgas wird fast vollständig (zu 99 %[59]) importiert. Dabei spielt dieser primäre Energieträger eine dominante Rolle im Energiesektor Weißrusslands: 97 % der Elektrizität und 88 % der Wärme werden aus Erdgas generiert.[60] Dies ist darauf zurückzuführen, dass von 2000 bis 2007 Erdgas ein strategischer Rohstoff für die weißrussische Wirtschaft war: Um Kosten für inländische Produzenten durch die Nutzung des billigen russischen Gases[61] zu verringern, hat Belarus den Anteil des Gases in der Primärenergieversorgung von 43 % im Jahr 1990 auf bis zu 65 % 2007 erhöht.[62] Somit ist ein unausgeglichenes Portfolio von Primärenergieträgern entstanden. Dabei führte eine solch hohe Abhängigkeit vom Gas[63] zu energiepolitischen Konflikten, die zahlreiche Risiken für die Wirtschaft und der Energiesicherheit des Landes darstellen.[64]

Ein Beispiel dafür liefern sequentielle Preiserhöhungen seitens Russlands. Um sich von der Transitabhängigkeit von Belarus zu befreien, verfolgte Gazprom folgende Strategien: erstens die Transportwege zu diversifizieren (Bau der Nordstream-Pipeline über die Ostsee) und zweitens die nationale Pipelinebetreibergesellschaft zu übernehmen.[65] Der Streit um den belarussischen Pipelinebetreiber Beltransgas hat 2004 durch die eintägige Einstellung von Gaslieferungen die erste Gaskrise ausgelöst, was zur tiefen Beunruhigung der westeuropäischen Abnehmerländer bezüglich ihrer Energiesicherheit führte.[66] Im Jahr 2006 hat Gazprom ge-

---

[55] Vgl. Lindner (2007), S. 2.
[56] Vgl. o.V. (2008).
[57] Dena (2009), S. 16.
[58] Vgl. o.V. (2010a).
[59] Vgl. IEA Energy Statistics, Natural Gas.
[60] Vgl. IEA Energy Statistics, Electricity/Heat.
[61] Durch Belarus fließt Gazproms Erdgas aus Russland in die EU über die Jamal-Europa-Gaspipeline. Als ein wichtiges Transitland hat Belarus noch bis 2007 das russische Erdgas zu niedrigen Preisen erhalten. Vgl. Tochitskaya/Rakova/Shymanovich (2007), S. 6.
[62] Vgl. Tochitskaya/Rakova/Shymanovich (2007), S. 6.
[63] Ca. 70 % in der Energiebilanz von Belenergo. Vgl. European Commission (2008), S. 279.
[64] Vgl. European Commission (2008), S. 279; dena (2009), S. 11 ff.
[65] Vgl. Hett (2007), S. 6 ff.
[66] Vgl. Götz (2006), S. 14; Hett (2007), S. 6.

droht, den Gaspreis für Belarus, der damals bei 47 US-$ pro 1.000 m³ lag, an das europäische Preisniveau von 230 US-$ pro 1.000 m³ anzupassen.[67] Nach langen Streitigkeiten hat Gazprom die Zustimmung der weißrussischen Regierung erhalten, einen 50%igen Aktienanteil am belarussischen Pipelinebetreiber Beltransgas für 2,5 Mrd. US-$[68] zu erwerben. Weiterhin sollte der Preis für das russische Erdgas auf 100 US-$ pro 1.000 m³ angehoben[69] und „bis 2011 schrittweise an den europäischen Preis herangeführt werden"[70]. Damit werden russische Subventionen vollkommen abgeschafft.[71]

Vor diesem Hintergrund ist die Energiebilanzdiversifikation bzw. der verstärkte Ausbau einheimischer und im Speziellen erneuerbarer Energiequellen die nachhaltigste Weise für Belarus, seine Abhängigkeit von Auslandsenergieimporten zu reduzieren.[72] Das Potential im Bereich regenerativer Energiequellen liegt dabei hauptsächlich in der Wind- und Bioenergie. Nun sollen diese beiden Formen detaillierter dargestellt werden.

Belarus verfügt über ein relativ großes Potential für die Nutzung von *Windenergie*. Dafür sprechen die großen Landflächen[73], die für Windparks genutzt werden können, sowie das gut ausgebaute zentralisierte Stromnetz.[74] So wurden bereits 1.840 Standorte in Belarus ermittelt, die sich für die Nutzung von Windenergie eignen. Dabei handelt es sich um solche Gebiete, die in einer Höhe von 30 m eine Windgeschwindigkeit von 4-5 m/s aufweisen. Das ökonomisch zweckmäßige Potential[75] beträgt 14 bis 18 Mio. MWh p.a.[76], eine Größe, die ca. 50 % des Strombedarfs des Landes[77] decken könnte.[78]

---

[67] Vgl. Grib/Sapozhinkov (2006).
[68] Die letzte Tranche wurde Anfang 2010 bezahlt.
[69] Mitte 2010 kam es wieder zu einem „Gaskrieg" zwischen Russland und Belarus: Letzteres wollte den von Russland geforderten Preis nicht akzeptieren. Daraus resultierte eine 200 Mio. US-$ schwere Schuld, weshalb die Gaslieferungen um 30 % gedrosselt wurden, bis Minsk diese Verbindlichkeit beglichen hat. Vgl. o.V. (2010b).
[70] Vgl. Hett (2007), S. 6.
[71] Vgl. Meister (2010).
[72] Vgl. EEC (2010); UNECE (2010b), S. 2.
[73] Zum Vergleich: Die Bevölkerungsdichte in Deutschland beträgt 230 Einwohner pro km², in Belarus 46 Einwohner pro km², was fünf Mal weniger als in Deutschland ist. Vgl. Huinink/Schröder (2008), S. 59.
[74] Vgl. dena (2009), S. 9.
[75] Bei den Potentialen erneuerbarer Energien wird u.a. zwischen den technischen und den ökonomischen Potentialen unterschieden. Das technische Potential gibt den Teil der theoretisch physikalisch nutzbaren Energie an, der angesichts der gegebenen technischen Einschränkungen praktisch nutzbar ist. Das ökonomische Potential stellt den Teil des technischen Potentials dar, der unter den jeweiligen politischen und gesetzlichen Rahmenbedingungen wirtschaftlich erschlossen werden kann. Vgl. Kaltschmitt (2009), S. 10 f.; Pontenagel (1995), S. 47.
[76] Um dieses Potential vollständig auszuschöpfen, werden ca. 3.500 WKA mit der Gesamtkapazität von 7.028 MW benötigt. Vgl. Pashiniskij/But'ko (2010).
[77] Vgl. Energieministerium der Republik Belarus (2008), S. 6.
[78] Vgl. dena (2009), S. 35; Meißner/Ueckerdt/Schenk (2010), S. 1.

Dessen ungeachtet erfolgte der Ausbau des Potentials tatsächlich bisher nur in sehr geringem Maße. 2009 betrug die Gesamtkapazität der Windanlagen in Belarus 1,9 MW[79]. Dies ist eine Leistung, die mit einer einzigen deutschen Windkraftanlage[80] vergleichbar ist.[81] Dabei produziert gegenwärtig nur ein Unternehmen in Belarus Windkraftanlagen. Sein Potential ist ziemlich schwach und die Qualität wesentlich schlechter als bei ausländischen Analoga. Deshalb stehen dem Land zwei Alternativen zur Verfügung: entweder die Anpassung und effektive Nutzung ausländischer Anlagen oder der Kauf einer Lizenz in Übersee für die eigene Produktion.[82]

Nach Angaben des Staatlichen Komitees für Standardisierung der Republik Belarus sollen viele ausländische Investoren 2010 den Wunsch ausgesprochen haben, Projekte im Bereich Windenergie in Belarus realisieren zu wollen. So beabsichtigen Unternehmen aus Spanien, Tschechien, der Schweiz und der Volksrepublik China Windenergieparks in Weißrussland aufzubauen.[83] Dabei ist eine Fertigstellung von insgesamt 8 Windparks mit einer Gesamtleistungskapazität von knapp 500 MW vorgesehen.[84]

So stammt beispielsweise aus dem Jahre 2010 ein Vertrag zwischen einer der regionalen Einrichtungen von Belenergo und der chinesischen privaten Gesellschaft HEAG. Vereinbart ist der Bau einer Windkraftanlage in Weißrussland mit einer Kapazität von 1,5 MW und einer jährlichen Stromerzeugung von 3,8 Mio. kWh. Die Gesamtkosten des Projektes belaufen sich auf ca. 2 Mio. €, mit der Fertigstellung wird für das Jahr 2012 gerechnet. Darüber hinaus wurde eine Option für die spätere Gründung eines gemeinsamen belarussisch-chinesischen Joint Ventures[85] zum Bau eines Windparks mit einer Kapazität von bis zu 25 MW vereinbart.[86]

Obwohl das Nutzungspotential von Windenergie in Belarus relativ hoch ist, kommt der Energie aus *Biomasse* (dazu gehören feste, flüssige und gasförmige Bioenergieträger – siehe Anhang 1) eine hohe Bedeutung zu. Sie trägt zur Wärmegenerierung sowie zur Produktion von Biostrom und Biokraftstoff bei.

---

[79] Vgl. WWEA (2010), S. 17.
[80] Zu dem Zeitpunkt betrug die Gesamtkapazität aller Windanlagen in Deutschland 25.777 MW. Vgl. WWEA (2010), S. 16.
[81] Vgl. Meißner/Ueckerdt/Schenk (2010), S. 1.
[82] Vgl. Pashiniskij/But'ko (2010).
[83] Vgl. Kot (2010).
[84] Vgl. Minenkov (2010).
[85] Für ausführliche Informationen zu einer staatlich-privaten Zusammenarbeit siehe Kap. 3.2.1.
[86] Vgl. Kot (2010).

Eine feste Art von Biomasse stellen Holz und Holzabfälle dar. Holz ist die bedeutendste (ca. 32 %) der einheimischen Energieressourcen[87], da durch die geografische Lage und die flache Landschaft sehr gute Voraussetzungen für den Industriewaldanbau und die Landwirtschaft gegeben sind. So beträgt die gesamte Waldfläche 38 % des Landterritoriums (ca. 10 Mio. Hektar). Der Holzbestand von 1.340 Mio. m³ weist einen jährlichen Zuwachs von 28 Mio. m³ aus, obwohl nur die Hälfte davon in Gebrauch genommen wird.[88] Diese Bioenergieträger werden hauptsächlich für die Wärmegenerierung und Wasserheizung verwendet. Gegenwärtig funktionieren 7 Mini-Heizkraftwerke und etwa 2.000 Brennholzkessel in Belarus.[89]

Ein weiteres Potential für Energieerzeugung liegt bei Biogas (ein gasförmiger Bioenergieträger) aus Tierabfällen und Exkrementen und wird auf 3,1 bis 3,4 Mio. MWh[90] geschätzt. In Belarus existieren laut Angaben des Staatlichen Komitees für Standardisierung mehr als 6300 Rinderzuchtanlagen, mehr als 100 Schweinezuchtanlagen und 48 Geflügelzuchtanlagen.[91] Jährlich entstehen ca. 30 Mio. m³ Gülle und Ackerbauabfälle im Land, woraus Biogas im Umfang von 16 Mio. MWh produziert werden könnte. Außerdem verwandeln sich die in Biogasanlagen verarbeiteten organischen Abfälle in Biomasse, die viel Nährstoffe enthält und als Biodünger und Futterzusatz verwendet werden kann.[92] Es werden gegenwärtig 5 Biogasanlagen[93] in Belarus betrieben, wobei zum Vergleich die Anzahl von Biogasanlagen in Deutschland ca. 5.000[94] beträgt.

Die Produktion von Biokraftstoffen bzw. von flüssigen Bioenergieträgern stellt ein weiteres Potential zur Nutzung nachwachsender Rohstoffe dar. Dazu gehören Biodiesel (wird u.a. aus Raps und Soja hergestellt) und Bioethanol (wird aus Zuckerrüben und Getreide produziert).[95] Unter den belarussischen klimatischen Bedingungen wird eine Pflanzenmenge von 10 t trockener Substanz (was einer Leistung von 40.000 MWh entspricht) aus einem Hektar Energiepflanzen gewonnen, wobei durch den Einsatz verbesserter landwirtschaftlicher Methoden diese Produktivität verdoppelt werden kann. Aus dieser Phytomasse können 5 bis 7 t Flüssig-

---

[87] Vgl. Ministerratsbeschluss der Republik Belarus Nr. 1180 vom 09.08.2010.
[88] Vgl. dena (2009), S. 41.
[89] Vgl. Minenkov (2010).
[90] Zum Vergleich: Es ist ca. 15% der heutigen Biogasnutzung in Deutschland. Vgl. Meißner/Ueckerdt/Schenk (2010), S. 1.
[91] Vgl. Minenkov (2010).
[92] Vgl. Pashiniskij/But'ko (2010).
[93] Vgl. Meißner/Ueckerdt/Schenk (2010), S. 1.
[94] Vgl. Fachverband Biogas e.V. (2010).
[95] Vgl. dena (2009), S. 42.

stoffe, die dem Erdöl äquivalent sind, produziert werden.[96] Die Biodieselproduktion sollte 2010 nach dem Staatsprogramm für Biodieselproduktion[97] 780.000 bis 1 Mio. t betragen.[98]

Laut dem Bericht der Weltbank[99] kann die Ausrichtung auf Biokraftstoffproduktion zur Erhöhung der Lebensmittelpreise führen. Dies hätte negative Auswirkungen auf den Konsumenten und wäre somit unwirtschaftlich. Im Falle von Belarus trifft dies indessen nicht zu. Erstens werden für den Anbau von Phytomasse Flächen genutzt, die aufgrund des Torfbodens keiner landwirtschaftlichen Nutzung zugänglich sind. Das ist ein Areal von 180.000 Hektar. Das Potential dieser Fläche für die Produktion von Biorohstoffen liegt bei bis zu 1 Mio. MWh jährlich.[100] Zweitens sollen Energiepflanzen[101] eine Fläche von 50.000 km², die nach der Katastrophe von Tschernobyl mit radioaktiven Elementen verseucht wurden[102] (knapp ein Viertel des Territoriums von Belarus), innerhalb von 20 bis 40 Jahren dekontaminieren.[103] Und während europäische Biokraftstoffproduzenten verstärkt in Projekte in Litauen, Rumänien und der Ukraine investieren, steckt nach Angaben der Weltbank viel ungenutztes Potential für Wachstum im Biomassesektor in Belarus.[104]

Ferner werden in Belarus jährlich ca. 2,4 Mio. t kommunale Abfälle (Hausmüll) deponiert. Das Potential der Vergasung dieser Energieressource liegt bei 814.000 MWh. Der Effekt ist dabei nicht nur die direkte Biogasproduktion, sondern auch die Vermeidung des Methanausstoßes[105], den Mülldeponien produzieren.[106]

In diesem Zusammenhang sollen in Belarus bis 2012 39 Biogasanlagen mit einer Gesamtkapazität von 40,4 MW in Betrieb genommen werden. Dies ist das Ziel des Programms zum Ausbau von erneuerbaren Energiequellen für 2010 bis 2012.[107] Der Bau neuer Biogasanlagen, die mit den Abfällen der landwirtschaftlichen und industriellen Produktion, den kommunalen

---

[96] Vgl. Kundas/Tarasenko/Pazniak (2007), S. 290.
[97] Vgl. Ministerratsbeschluss der Republik Belarus Nr. 1760 vom 17.12.2007.
[98] Vgl. Ministerratsbeschluss der Republik Belarus Nr. 1180 vom 09.08.2010.
[99] Vgl. The World Bank (2010), S. 87.
[100] Vgl. Kundas/Tarasenko/Pazniak (2007), S. 290 f.
[101] Es wurde wissenschaftlich bewiesen, dass Energiepflanzen radioaktive Elemente viel schneller aus dem Boden entziehen als herkömmliche Agrarkulturen, da sie keine Abfallprodukte wie z.B. Stroh hinterlassen. Vgl. dena (2009), S. 42.
[102] Mehr als 80 % des radioaktiven Niederschlags von Tschernobyl kamen im südlichen Weißrussland herunter. Ein Gebiet, das so groß wie Dänemark ist, wurde mit Strontium 90, Cäsium 137, Plutonium und Americium verseucht, die Leukämie und andere Krebsarten verursachen. Es wird bis zu 600 Jahre dauern, bis der radioaktive Staub selbstständig verschwindet. Vgl. Yablokov/Nesterenko/Nesterenko (2009), S. 32 ff.
[103] Vgl. dena (2009), S. 42.
[104] Vgl. The World Bank (2010), S. 87.
[105] Methan ist um 25 Mal schädlicher für die Umwelt als CO_2. Vgl. Wiesner (2002), S. N-129.
[106] Vgl. Kundas/Tarasenko/Pazniak (2007), S. 289 f.
[107] Vgl. Ministerratsbeschluss Nr. 885 vom 9.06.2010 zum Vollzug der Direktive Nr. 3 vom 14.06.2007.

und den Haushaltsabfällen sowie mit Klärschlamm betrieben werden, soll jährlich 340.000 MWh elektrische Energie produzieren. Dabei wird die ökologische Belastung für die Umwelt sinken und die landwirtschaftlichen Betriebe werden hochwertigen organischen Dünger bekommen. Es ist außerdem geplant, in den Jahren 2013 bis 2015 noch 146 solcher Biogasanlagen in Betrieb zu nehmen. Die gesamte Anlagenmenge wird importiertes Erdgas im Umfang von 370 Mio. m³ ersetzen.

Die geplanten Finanzierungsvolumina des Programms belaufen sich auf ca. 142 Mio. €. Dabei sollen die finanziellen Mittel durch ausländische Investitionen, Kredite der Geschäftsbanken, eigene Mittel der staatlichen Organisationen, Budgetmittel sowie staatliche Innovationsfonds bereitgestellt werden.[108] An dieser Stelle ist auf die geplante umfangreiche Partizipation des Staates an der Finanzierung des Vorhabens hinzuweisen. Dies soll nach Meinung von Experten[109] überdacht werden. Der Grund dafür ist die gegenwärtig ohnehin starke Belastung des Staatsbudgets. Die stärkere Partizipation ausländischer Investoren im gesamten Finanzierungsmix wäre die beste Alternative bei der Implementierung des Programms.[110]

2.1.4 Sekundärenergie: Elektrizität und Wärmeversorgung

Wie im Kap. 2.1.2 erwähnt, ist die staatliche Monopol-Produktionsvereinigung Belenergo für die Elektrizitäts- und Wärmeversorgung des Landes verantwortlich. Zu den Aufgabenfeldern der unter ihrem Dach vereinigten Organisationen gehören u.a. die Verwaltung des gesamten Energiesektors, die Produktion, Übertragung und Verteilung elektrischer und thermischer Energie. Im Jahr 2008 betrug die Gesamtkapazität des belarussischen Energiesystems 7.729 MW, wobei der Stromverbrauch bei 37 Mio. MWh und der Wärmeverbrauch bei 280 Mio. GJ lag.[111] Im Folgenden werden der Elektrizitäts- und Wärmesektor sowie die Tarifpolitik in Belarus dargestellt und analysiert.

Die Entwicklung des *Elektrizitätssektors* in der ehemaligen UdSSR ist durch die Konzentration und Zentralisierung der Energieversorgung gekennzeichnet.[112] Heute ist Belarus der einzige Staat in Europa, der eine vollständig vertikal integrierte monopolistische Struktur des Elektrizitätsmarktes aufweist, ohne dabei Anstrengungen zu unternehmen, diesen zu entbündeln, zu privatisieren oder zu liberalisieren. Die sechs regionalen Einrichtungen, jede

---

[108] Vgl. Ministerratsbeschluss der Republik Belarus Nr. 885 vom 9.06.2010.
[109] Vgl. IPM Research Center; German Economic Team (GET).
[110] Vgl. Zachmann/Zaborovsky (2009), S. 3ff.
[111] Vgl. Energieministerium der Republik Belarus (2009), S. 11 f.
[112] Vgl. Padalko/Zaborovsky (2004).

für ein Gebiet, betreiben alle Kraftwerke sowie die Stromübertragung und die Vertriebsnetze im entsprechenden Gebiet und sind unter Belenergo konsolidiert. [113] Diese Einrichtungen haben 2008 mehr als 90 % des Gesamtverbrauchs an Elektroenergie erzeugt, wobei noch 5 % aus Russland und Litauen[114] importiert wurden. [115]

Strom wird in Belarus fast ausschließlich mit Gaskraftwerken generiert. Dabei weisen Gaskraftwerke gegenüber Grundkraftwerken (Kohle- und Atomkraftwerken) vergleichsweise niedrige Investitionskosten, dafür aber hohe Brennstoffkosten auf. Gasturbinen, die in Belarus 43 % der installierten Kapazität abdecken, sind besser regulierbar und somit flexibler als Grundkraftwerke. Deshalb ist der belarussische Stromsektor durch hohe variable Kosten der Stromerzeugung und hohe Flexibilität gekennzeichnet. Dies liefert gute Voraussetzungen für den Einsatz von erneuerbaren Energiequellen zur Stromerzeugung.[116] Derzeit beträgt der Anteil der Nutzung regenerativer Energien nach Angaben belarussischer Quellen 9 % am Gesamtenergieverbrauch und 13 % an der Wärmeenergieerzeugung,[117] wobei diese Daten stark verschönert zu sein scheinen.[118]

Das Hochspannungsnetz des belarussischen Elektrizitätsnetzes ist ein Teil des großen Hochspannungsrings, der auch die baltischen Staaten und die Russische Föderation abdeckt. Die Infrastruktur der Stromnetze ist weitgehend flächendeckend und hat die Gesamtlänge von 269.000 km.[119] Da die noch in 1960er und 70er Jahren gebauten Stromnetze[120] veraltet sind, besitzen sie aufgrund der hohen Erzeugungs- und Übertragungsverluste eine niedrige Energieeffizienz. Erschwerend kommt hinzu, dass die Energieintensität der weißrussischen Wirtschaft trotz ihrer Reduzierung gegenüber 2005 um 31 % relativ hoch ist.[121] Diese Faktoren deuten auf den hohen Investitionsbedarf in die Infrastruktur des Landes hin.

---

[113] Vgl. Zachmann/Zaborovsky (2008), S. 5.
[114] Am 31.12.2009 wurde jedoch das Kernkraftwerk Ignalina in Litauen geschlossen, was die Importabhängigkeit vom russischen Strom verstärkte. Vgl. GTAI (2010), S. 2.
[115] Vgl. Tochitskaya/Rakova/Shymanovich (2007), S. 20; Energieministerium der Republik Belarus (2009), S. 16.
[116] Vgl. Meißner/Ueckerdt/Schenk (2010), S. 7 f.
[117] Stand 2009. Vgl. Minenkov (2010); Meißner/Ueckerdt/Schenk (2010), S. 7 f.
[118] So betrug beispielsweise nach Angaben der IEA der Anteil der erneuerbaren Energiequellen am Gesamtenergieverbrauch im Jahr 2008 5,5 % und an der Wärmeenergieerzeugung knapp 6 %. Das belarussische Staatliche Komitee für Normung veröffentlichte jedoch andere Daten für dasselbe Jahr: 7,3 % am Gesamtenergieverbrauch bzw. 10,3 % an der Wärmeerzeugung. Vgl. IEA Energy Statistics, Share of total primary energy supply; IEA Energy Statistics, Electricity/Heat sowie Minenkov (2010). Leider liegen keine aktuellen öffentlich zugänglichen Daten unabhängiger Analysten vor.
[119] Vgl. Energieministerium der Republik Belarus (2009), S. 16.
[120] Vgl. dena (2009), S. 11 f.
[121] „Um eine Einheit des BIP zu erzeugen, wird doppelt so viel Energie benötigt als in den Nachbarländern Polen und Litauen." Hett (2007), S. 4; vgl. o.V. (2010c).

Die sukzessive Entstehung unabhängiger dezentraler Stromerzeuger im Bereich Heizkraft-werke[122] in der letzten Zeit, die nicht zur Produktionsvereinigung Belenergo gehören, fördert die Schaffung eines Energiemarktes in Belarus.[123] Jedoch ist deren Anteil am Gesamtstrom-verbrauch[124] im Bezug auf die Energiesicherheit des Landes noch relativ unbedeutend.

Wärme und heißes Wasser werden in Groß- und Kleinstädten über Fernheizung (zentrale Ver-sorgung) und im ländlichen Raum überwiegend durch dezentrale Heizanlagen geliefert.[125] Dabei sind zentrale Heizsysteme durch eine rationellere Verwendung des Brennstoffs sowie Synergiepotentiale gekennzeichnet. Dies ist durch eine kombinierte Strom- und Wärmepro-duktion gewährleistet (Kraft-Wärme-Kopplung). Ein wesentlicher Vorteil der zentralen Wär-meversorgung ist das relativ effektive und umweltfreundliche Verfahren zur Kraftstoff- und Hausmüllverbrennung.[126] Allerdings führt die hohe Entfernung von Wohnsiedlungen, die ty-pisch für zentrale Heizkraftwerke ist, zu hohen Übertragungsverlusten.[127]

Die staatliche Produktionsvereinigung Belenergo liefert ungefähr 50 % der Wärme und des Warmwassers[128] an Endverbraucher. Sie betreibt 23 große Heizkraftwerke mit einer Gesamt-kapazität von knapp 4.400 MW und 35 regionale Heizkesselanlagen mit Kapazitäten von 80 bis 700 MW. Die restlichen 50 % werden durch kleinere Heizkessel generiert. Davon be-treiben das Ministerium für Kommunalwirtschaft 1.700 Heizkessel mit 5 MW Durchschnitts-kapazität, während 10.000 Heizkessel unter 10 MW im Verantwortungsbereich anderer Mini-sterien, staatlicher Industrieunternehmen und privater Gesellschaften liegen.[129] Die 4.500 km der Hauptwärmezuführung werden von Belenergo betrieben (zentrale Wärmeversorgung), während das Ministerium für Kommunalwirtschaft für 5.800 km verantwortlich ist.[130]

In die Heizung und Warmwasserbereitung gehen in Belarus rund 70 % des gesamten Energie-verbrauchs.[131] Thermische Energie wird, wie auch Elektrizität, hauptsächlich aus fossilen

---

[122] Ein Heizkraftwerk ist eine dezentrale Industrieanlage, die Strom und Wärme gleichzeitig in einem kombinierten Prozess erzeugt. Dieser Prozess, der sich Kraft-Wärme-Kopplung (KWK) nennt, ist eine der wichtigsten Technologien zur Reduktion von CO_2-Emissinonen. Vgl. Konstantin (2009), S. 359 ff.
[123] Vgl. Bogushevich (2010).
[124] Im Jahr 2008 wurde 1,4 Mio. MWh Elektroenergie durch unabhängige industrielle Anlagen erzeugt. Dies entspricht 3,7 % des gesamten Stromverbrauchs im Land. Vgl. Energieministerium der Republik Belarus (2009), S. 15.
[125] Vgl. UNDP (2005), S. 5 f.
[126] Die Kraftstoffvorbereitung sowie Filtersysteme zur Reduzierung von Treibhausgasemissionen sind komplex und teuer und deshalb ökonomisch nur für große Heizkraftwerke zweckmäßig.
[127] Vgl. dena (2007), S. 11 ff.
[128] Vgl. Energieministerium der Republik Belarus (2009), S. 16.
[129] Vgl. UNECE (2010b), S. 96; UNDP (2005), S. 5 f.
[130] Vgl. UNECE (2010b), S. 96.
[131] Vgl. dena (2009), S. 16.

Energieträgern, nämlich aus Erdgas, generiert.[132] Befeuert wird außerdem mit Masut, Dieselöl und Kohle, wobei solche Befeuerungsarten schädliche Treibhausgasemissionen verursachen. Nur ein kleiner Anteil von Heizkesseln wird teilweise oder komplett mit Holz befeuert.[133] Um die Energieeffizienz des weißrussischen Wärmemarktes zu erhöhen, hat die Weltbank dem Land im Juni 2009 einen Kredit über 125 Mio. US-$ für ein fünfjähriges Programm gewährt. Das Ziel ist die Umwandlung von bestehenden Heizkesseln in einigen belarussischen Städten in Kraft-Wärme-Kopplungs-Anlagen, was ca. 90 MW zusätzlicher elektrischer Energie liefern soll. Dies ermöglicht den Erdgasverbrauch um jährlich ca. 90 Mio. m$^{3.}$ und den CO_2-Ausstoß um jährlich 165.000 t zu verringern.[134]

Der belarussische Industriesektor ist für ca. 50 % des gesamten Elektrizitätsverbrauchs verantwortlich (gefolgt vom Haushaltssektor mit 21 %) und für 36 % des Wärmeverbrauchs. Der Verbrauch von Wärmeenergie durch private Haushalte ist jedoch höher als der industrielle und betrug 2007 mehr als 40 %.[135] Nach Prognosen der Wirtschaftskommission für Europa der Vereinten Nationen (UNECE) wird der Wärmeverbrauch bis 2020 um 20 bis 30 % (auf 340 bis 370 Mio. GJ) und der Elektrizitätsverbrauch um 15 bis 35 % (auf 43 bis 50 Mio. MWh) ansteigen.[136] Um die Nachfrageerhöhung zu befriedigen, ist eine Erweiterung der Erzeugungskapazitäten notwendig.[137] Dies erfordert hohe Investitionen in den Ausbau des gesamten Energiesektors und der erneuerbaren Energie insbesondere deshalb, weil diese aus langfristiger Sicht die hohe Abhängigkeit von russischen Gaslieferungen reduzieren lassen.

Strom- und Wärmetarife für private Haushalte legt der Ministerrat fest, während das Energieministerium für Tarife für industrielle Konsumenten verantwortlich ist. Dem Wirtschaftsministerium kommt dabei die Rolle einer unabhängigen Regulierungsbehörde zu, welche die Tarifpolitik durch die Festlegung von Energiepreisen für Endkonsumenten reguliert. Die Tarife für Elektrizität und Wärme unterscheiden sich im Hinblick auf Konsumentengruppen und Gebäudenutzung, die Zeit (Tag und Nacht) und die Periode (Low- und High-Heizperiode) der Nutzung sowie andere Faktoren.[138] Dabei ist die Differenzierung der Tarife nach Konsumentengruppen relativ stark. Es besteht eine Quersubventionierung der Bevölkerungstarife durch

---

[132] Vgl. UNECE (2010b), S. 92.
[133] Vgl. UNDP (2005), S. 5 f.; dena (2007), S. 10.
[134] Vgl. Auswärtiges Amt der Republik Belarus, Internationale Organisationen: Weltbank.
[135] Vgl. UNECE (2010b), S. 94 f.
[136] Im Vergleich zu 2008. Vgl. UNECE (2009), S. 16.
[137] Vgl. UNECE (2009), S. 16.
[138] Vgl. UNECE (2009), S. 16.

Tarife für Industrieunternehmen:[139] Gegenwärtig liegt der Elektrizitätspreis für private Haushalte bei ca. 4,3 ct/kWh[140], wobei Industrieunternehmen[141] 12 ct/kWh bezahlen.[142] Und trotz der mehrmaligen Tariferhöhungen[143] der letzten Jahre decken die Preise die tatsächlichen Kosten der Stromerzeugung nicht. Dabei hängen diese Kosten mit dem Gaspreis zusammen, der einen drastischen Anstieg durchläuft (vgl. Kap. 2.1.3). Dasselbe gilt für die Tarife der Wärmeversorgung.[144] So kostet ein MJ Wärmeenergie gegenwärtig 0,26 ct für private Haushalte und 0,88 ct für Industriekunden.[145]

Beinahe 50 % aller im Land produzierten Elektroenergie wird im Kraft-Wärme-Kopplungs-Prozess generiert (siehe oben), was die Zuteilung von Selbstkosten der Elektrizitäts- sowie Wärmeproduktion erheblich erschwert. Dabei ist die Quersubventionierung der Wärmeenergieproduktion auf Kosten von Elektrizität gegeben: Die Verluste aus dem Vertrieb von Wärmeenergie werden auf den Elektrizitätssektor übergewälzt.[146] Dies schreckt Investoren ab und führt zu Marktverzerrungen bei der Energieproduktion und beim Energieverbrauch.[147]

Einspeisetarife für Energie aus erneuerbaren Quellen, die von unabhängigen Anbietern produziert und ins Netz eingespeist werden, errechnen sich mithilfe von Multiplikatoren. Als ein Vergleichsmaßstab werden dabei Tarife für industrielle und gleichzusetzende Nutzer genommen. So erhielt ein unabhängiger Stromproduzent für die ersten zehn Jahre der Nutzung seiner Anlage zur Produktion von sauberer Energie das 1,3-Fache des industriellen Tarifes[148], nach zehn Jahren sinkt der Faktor auf 0,85.[149] Das heißt, jede Kilowattstunde saubere Energie wird zunächst vom Energiesystem mit einer höheren Rate erworben. Bemerkenswert dabei ist,

---

[139] Vgl. Tochitskaya/Rakova/Shymanovich (2007), S. 22.
[140] Vgl. UNECE (2009), S. 17; Ministerratsbeschluss Nr. 1942 vom 16.12.2008.
[141] Die Tarife gelten für die Industriegruppe mit einer Anschlussleitung bis 750 kVA. Vgl. UNECE (2010b), S. 480 ff.
[142] Zum Vergleich: Der Stromtarif lag im Jahr 2007 in Deutschland bei 18 ct/kWh für private Haushalte und bei 12 ct/kWh für Industrieunternehmen. Dies deutet auf die signifikanten Unterschiede der Tarifpolitik von Belarus und Deutschland hin. Einerseits sind die deutschen Tarife wesentlich höher, anderseits besteht eine umgekehrte Proportionalität der Tarife für die beiden Konsumentengruppen. Vgl. Tochitskaya/Rakova/Shymanovich (2007), S. 24.
[143] Zum Beispiel eine 20%ige Tariferhöhung für Industrieunternehmen Mitte letzten Jahres sowie eine Tariferhöhung für private Haushalte um 17 % im Jahr 2009. Vgl. UNECE (2010b), S. 480.
[144] Vgl. UNECE (2010b), S. 480; Tochitskaya/Rakova/Shymanovich (2007), S. 23; dena (2009), S. 22.
[145] Vgl. UNECE (2009), S. 17; Ministerratsbeschluss Nr. 1942 vom 16.12.2008.
[146] Vgl. UNECE (2010b), S. 480; Tochitskaya/Rakova/Shymanovich (2007), S. 23.
[147] Vgl. Zachmann/Zaborovskiy/Giucci (2008) S. 10.
[148] Das Koeffizient 1,3 bedeutet, dass unabhängige Anlagenbetreiber, die nicht zur staatlichen Produktionsvereinigung Belenergo gehören, 30 % mehr für den produzierten „grünen Strom" erhalten, als Industrieabnehmer mit einer Anschlussleitung bis 750 kVA an Tarifen zahlen müssen.
[149] Vgl. Beschluss des Wirtschaftsministeriums Nr. 99 vom 10.06.2010.

dass sich die Laufzeit von Multiplikatoren mit dem Erlass von 2010 noch verlängert hat.[150] Außerdem differenzierte die Regierung Multiplikatoren im Hinblick auf die Quelle[151] der erneuerbaren Energien.[152] Damit ist der Wille zum Ausdruck gebracht worden, die Grundlage für Investitionsanreize in Projekte zur Nutzung erneuerbarer Energiequellen zu schaffen.[153]

Anderseits senken die vom Staat subventionierten und festgelegten Tarife für Strom und Wärme aus fossilen Energieträgern die Rentabilität von Projekten im Bereich erneuerbarer Energie und erhöhen gleichzeitig die Belastung des Staatsbudgets.[154] Deshalb hat der Ministerrat im Jahr 2010 eine Resolution ins Leben gerufen. Ziel ist die Verbesserung der Tarifpolitik durch eine schrittweise Optimierung der Tarifhöhe und die Eliminierung der Quersubventionierung der Tarife für Erdgas sowie für Wärme und Elektroenergie bis 2014.[155] Dessen ungeachtet erweist sich die Kopplung der Tarife für erneuerbare Energie an die Tarife für Industrieunternehmen als problematisch. Die Begründung dafür sind mögliche zukünftige Anpassungen des Industrietarifs an steigende Preise für Primärenergieträger, was zu hohen Staatsausgaben im Hinblick auf die steigenden Tarife für erneuerbare Energien führen würde. Im diesem Zusammenhang wären absolute Werte für die Tarife (wie beispielsweise in der Volksrepublik China[156]) anstatt Multiplikatoren optimal. Außerdem wäre die Differenzierung der Tarife bezüglich der Anlagengröße vorteilhaft, da mit steigender Anlagengröße die Kosten je Leistungseinheit üblicherweise sinken.[157]

Es bestehen diverse Möglichkeiten, eine Einspeisevergütung zu gestalten, wobei diese in zwei Kategorien eingeteilt werden können: Ein Einspeisetarif, der in Abhängigkeit vom Elektrizitätspreis gebildet wird, wie dies in Belarus der Fall ist, und ein Einspeisetarif, der ohne Bindung an den Elektrizitätspreis als Festpreis gebildet wird. Dabei bietet das marktunabhängige Festpreisentlohnungsmodell[158] mehr Sicherheit für Investitionen durch die bessere Voraus-

---

[150] So waren die Multiplikatoren 1,3 für die ersten fünf Jahre, 0,85 für die nächsten fünf Jahre und 0,7 für mehr als zehn Jahre Betriebszeit der Anlage. Vgl. Beschluss des Wirtschaftsministeriums Nr. 91 vom 31. Mai 2006.
[151] Der seit 1994 in Belarus geltende unitäre Einspeisetarif für Strom aus erneuerbaren Energien, der für alle Erneuerbare-Energien-Quellen gleich war, benachteiligte teurere Technologien wie beispielsweise KWK auf Basis von Biomasse. Jedoch ist es aus den vor kurzer Zeit verabschiedeten Verordnungen und Erlässen nicht schlüssig, wie diese Differenzierung vorgenommen wird. Vgl. UNECE (2010b), S. 480 ff.
[152] Vgl. Ministerratsbeschluss der Republik Belarus Nr. 1180 vom 09.08.2010.
[153] Vgl. Sinkevich (2010).
[154] UNECE (2010b), S. 480.
[155] Vgl. Ministerratsbeschluss der Republik Belarus Nr. 1180 vom 09.08.2010.
[156] Vgl. Martinot (2010).
[157] Vgl. Meißner/Ueckerdt/Schenk (2010), S. 15 f.
[158] Das Modell kann Markteintrittsbarrieren und die damit verbundenen Transaktionskosten für Investoren deutlich senken, da eine Abnahmeverpflichtung des Staates für den produzierten Strom besteht. Vgl. Couture/Gagnon (2009), S. 964 f.

sehbarkeit zukünftiger Cashflows und führt zu niedrigeren Kosten bei der Implementierung von umweltfreundlichen Technologien. Somit würde ein solcher gegenüber Marktvolatilitäten immuner Feed-in-Tarif die Bereitschaft zur Finanzpartizipation ohnehin risikoaverser Investoren deutlich erhöhen. Zusätzliche Gestaltungsmechanismen, wie eine Inflationsanpassung zukünftiger Rückflüsse[159], können ausländische Investoren gegen eine Abschreibungsgefahr absichern, da die Finanzierung solcher Projekte meistens in „harter" Währung erfolgt (vgl. Kap. 2.3).[160]

Die Anstrengungen der Regierung, die Attraktivität des Sektors für Investoren zu erhöhen, scheinen noch nicht ganz optimal zu wirken. Im Weiteren sollen deshalb die Ausrichtung der Politik in Hinsicht auf den Energiesektor sowie die ökonomischen und rechtlichen Rahmenbedingungen in Belarus näher untersucht werden.

2.2 Politische und ökonomische Rahmenbedingungen

Die Verringerung der starken Abhängigkeit von Gasimporten ist eine Priorität des Landes. Deshalb bemüht sich Belarus gegenwärtig darum, Energiequellen zu diversifizieren und Kapazitäten der eigenen Energieproduktion zu erweitern. Auf der politischen Agenda stehen Vorhaben, einerseits den Anteil einheimischer und darunter erneuerbarer Energiequellen in der Energiebilanz zu steigern und anderseits ein Atom- und ein Kohlenkraftwerk auf dem Territorium des Landes zu errichten. Ferner strebt Belarus das Ziel an, von Kyoto-Mechanismen Gebrauch machen zu dürfen.

Die Entscheidung zum Bau eines Atomkraftwerks (AKW) in Belarus hat die Regierung im Jahr 2008 getroffen.[161] Das erste AKW im Land soll 2.400 MW Kapazität haben und bis 2020[162] in Betrieb genommen werden. Das Projektvolumen[163] liegt nach Einschätzungen von Experten bei 9 bis 12 Mrd. US-$. Für die Finanzierung des Projektes ist ein russisches Darlehen über 9 Mrd. US-$ vorgesehen, den Bau soll das russische Unternehmen AtomStroiExport durchführen. Der russische Energiekonzern RAO EES strebt dabei eine 50%ige Beteiligung an den Stromvertriebsgesellschaften an. Die Inbetriebnahme der ersten Blockanlage des AKW

---

[159] Vgl. Frey (2005), S. 332 ff.
[160] Vgl. Couture/Gagnon (2009), S. 964 f.
[161] Vgl. Chuprov/Bodrov/Shkradück (2009), S. 7.
[162] Vgl. Ministerratsbeschluss der Republik Belarus Nr. 1180 vom 09.08.2010.
[163] Die ursprünglichen Kosten, die in den Rechnungsmodellen ihre Anwendung fanden, waren dabei deutlich niedriger und beliefen sich auf ca. 2,7 Mio. US-$ (1.116 US-$ pro kW). Vgl. Chuprov/Bodrov/Shkradück (2009), S. 7.

mit einer Kapazität von 1.000 MW ist für 2016 geplant.[164] Darüber hinaus ist Belarus in Gesprächen mit einem polnischen Investor über den Bau eines 800-MW-Kohlekraftwerks in der Nähe der weißrussisch-polnischen Grenze.[165]

Das AKW-Projekt ist mit hohen ökonomischen und technologischen Risiken verbunden.[166] Dazu sind (gemäß internationalen Erfahrungen) die realen Kosten des Projektes meistens deutlich höher als geplant. Die Wahl eines russischen Darlehensgebers, Bauunternehmens und von russischen Zulieferern bedeutet die Fortführung der Abhängigkeit von Russland auch im Hinblick auf Uranlieferungen. Überdies wird die Fertigstellung eines AKW den Gasimport bis 2020 auf nur 23 % mindern, was das Problem der hohen Abhängigkeit von diesem Primärenergieträger sowie von Russland nicht löst. Im Gegensatz dazu ermöglicht der Ausbau von erneuerbaren Energien aus einer langfristigen Perspektive (20 bis 30 Jahren) nach Berechnungen von Experten, den Gasverbrauch des Landes um knapp 50 % zu verringern. Darüber hinaus würden die Stückkosten pro Einheit des eingesparten Gases um 20 bis 40 % niedriger als beim „Nuklearszenario". Im Hinblick darauf wäre es für Belarus auf lange Sicht nicht nur politisch, sondern auch ökonomisch sinnvoller, die Entwicklung des Sektors regenerativer Energie, insbesondere bei der Nutzung von Biomasse und des Windpotentials, zu fördern.[167]

Obwohl der Bau eines Atom- und eines Kohlenkraftwerks im Widerspruch zum Klimaschutz steht[168], gehört das Erreichen von Klimaschutzzielen für die belarussische Regierung ebenso zu den Prioritäten der Politik. So hat Belarus im Jahr 2005 das Kyoto-Protokoll[169] der Klimarahmenkonvention der Vereinten Nationen (UNFCCC) unterzeichnet und ratifiziert.[170] Das Kyoto-Protokoll ist ein internationales Abkommen, dessen Ziel die Reduktion von Treibhausgasemissionen ist. 37 Industrieländer[171] haben sich verpflichtet, ihren CO_2-Ausstoß bis 2012 um 5,2 % im Vergleich zum Referenzjahr 1990 zu verringern.[172] Im Hinblick darauf,

---

[164] Vgl. Meyer (2010b), S. 5; Ministerratsbeschluss der Republik Belarus Nr. 1180 vom 09.08.2010.
[165] Vgl. UNECE (2010b), S. 92.
[166] Hier ist das Unglück des AKW in Tschernobyl, Ukraine, am 26.04.1986 zu erwähnen. Dies war die größte Katastrophe in der ganzen Geschichte der Kernenergiewirtschaft, die einen nachhaltigen Schaden für die Gesundheit der Menschen und der Natur verursacht hat. Vgl. Chuprov/Bodrov/Shkradück (2009), S. 4 f.
[167] Vgl. Chuprov/Bodrov/Shkradück (2009), S. 7 f.
[168] Ein AKW verursacht zwar kaum CO_2-Ausstoß, birgt aber andere Risiken in sich, die zu einer Naturkatastrophe führen können.
[169] Für ausführliche Informationen zu den Kyoto-Mechanismen siehe Kap. 3.2.2.
[170] Vgl. Ministerratsbeschluss Nr. 1155 vom 07.09.2006.
[171] Die Industrieländer sind aufgrund ihrer 150-jährigen Industrieaktivitäten für die hohen CO_2-Werte in der Atmosphäre verantwortlich.
[172] Vgl. UNFCCC (2008), S. 12 ff.

dass die Wirtschaft der ehemaligen UdSSR in den 1990er Jahren zusammengebrochen ist, betrugen die CO_2-Emissionen von Belarus im Jahr 2005 nur 60 % der Emissionen des Jahres 1990. Das heißt, das Land verfügt über ein enormes Potential, was den Verkauf von Emissionsrechten an westeuropäische Staaten angeht (diese haben nämlich große Schwierigkeiten, ihren Kyoto-Verpflichtungen nachzukommen).[173] Außerdem käme Belarus in den Genuss einer der Kyoto-Mechanismen – Joint Implementation (JI) – „die es Firmen oder Industriestaaten erlauben, ihre Klimaschutzziele anderswo zu erreichen"[174]. Allerdings darf das Land gegenwärtig trotz der erfolgten Zulassung und Ratifizierung weder mit Emissionszertifikaten handeln noch an JI-Projekten teilnehmen, da nicht alle dafür erforderlichen Zulassungsvoraussetzungen erfüllt sind.[175]

Im Einklang mit weiteren Plänen der belarussischen Regierung soll der Anteil von einheimischen (darunter auch erneuerbaren) Energiequellen in der Energiebilanz bis 2020 auf 32 bis 34 % steigen.[176] Dieses ambitionierte Vorhaben ist allerdings nur erreichbar, wenn „jährliche Investitionen im dreistelligen Millionenbereich"[177] in den Energiesektor fließen werden. Die Investitionen in dieser Höhe können kaum durch eigene finanzielle Mittel des Staates[178] oder durch Einnahmen belarussischer Energieerzeuger (siehe Tarifpolitik, Kap. 2.1.4) allein aufgebracht werden. Einer Finanzierung durch den Privatsektor kommt somit eine tragende Bedeutung zu.[179]

Die Rolle des belarussischen Privatsektors im Wirtschaftsgeschehen ist im Gegensatz zum Staatssektor noch relativ gering (vgl. Kap. 2.1.1), obwohl seit Mitte 2008 ein Privatisierungsprogramm[180] läuft. Eine Liberalisierung des Energiemarktes sowie eine Privatisierung staatlicher Energieunternehmen sind noch gar nicht gegeben.[181]

---

[173] Vgl. dena (2009), S. 25.
[174] Vgl. Dehmer (2007).
[175] Gemäß den Bestimmungen des Kyoto-Protokolls bedarf es einer Zustimmung durch mindestens 75 % der Vertragsparteien. Dabei haben am Ende 2008 nur 5 der 175 Länder einer Aufnahme von Belarus zugestimmt. Vgl. UNECE (2010b), S. 40; Dehmer (2007).
[176] Vgl. Ministerratsbeschluss der Republik Belarus Nr. 1180 vom 09.08.2010.
[177] Vgl. Meißner/Ueckerdt/Schenk (2010), S. 10.
[178] Die finanziellen Belastungen des belarussischen Staatssektors einschließlich der kommunalen Budgets könnten auch in der Zukunft stark wachsen. Vgl. Meyer (2010), S. 3.
[179] Vgl. Meyer (2010), S. 10 ff.
[180] Laut dem Programm sollten 660 Objekte und Unternehmen privatisiert bzw. an strategische Investoren verkauft werden. Vgl. OWC/Belarus Aktuell (2010), S. 8.
[181] Liberalisierung (der Abbau von Barrieren für den Markteintritt für unabhängige Produzenten bzw. die Beseitigung des staatlichen Monopols) und Privatisierung (Verkauf der staatlichen Unternehmen an einen privaten Investor) sind miteinander verbunden. Somit können sie nur erfolgreich sein, wenn sie zusammen durchgeführt werden. Vgl. Zachmann/Zaborovskiy/Giucci (2008), S. 8 ff.

Es gibt insgesamt 31 Banken[182] in Belarus, die den nationalen Finanzmarkt dominieren. Die meisten haben ausländische Investoren als Aktionäre, wobei die vier größten Banken einen dominierenden Staatsanteil an ihrem Kapital haben. Der belarussische Börsenmarkt ist bis dato nicht ausreichend entwickelt.[183]

Privatwirtschaftliche Einheiten (Unternehmen, Kreditinstitute, Organisationen) können in Belarus zur Finanzierung von Projekten im Bereich erneuerbarer Energien jetzt sowie in der näheren Zukunft kaum einen signifikanten Beitrag leisten. Es fehlt nicht nur an erforderlichen Finanzmitteln am belarussischen Kapitalmarkt, sondern auch an Erfahrungen bei der Finanzierung von Investitionen in regenerative Energien. Jedoch haben einige Banken wie Belinvestbank, Belarusbank und UniCredit Bank (Belarus) Interesse an der Kofinanzierung von solchen Projekten gezeigt.[184]

Den ausländischen Banken kommt eine wichtige Rolle zu: Kredite, die ausländischen Investoren zur Verwirklichung von Projekten in Belarus gewährt werden, fließen in Form von Auslandsdirektinvestitionen[185] in das Land. Sie bedeuten nicht nur Kapitalzufluss, sondern auch den Zufluss von technischem, organisatorischem und wirtschaftlichem Know-how, welche die Effizienz des gesamten Sektors erhöhen können.

Aufgrund der Auswirkungen der internationalen Finanzkrise kam es Ende 2008 in Belarus zu starken Liquiditätsschwierigkeiten. Die Regierung musste infolgedessen notwendige Finanzmittel im Ausland beschaffen. So hat der Internationale Währungsfonds (IMF) Anfang 2009 dem Land eine Stand-by-Kreditfazilität in Höhe von 3,5 Mrd. US-$ gewährt, die er an ein Reformprogramm[186] geknüpft hat. Das Programm sah u.a. den Abbau der Staatsausgaben, die Liberalisierung der Preisbildung sowie die Privatisierung von Staatsunternehmen vor. Ferner sollte die Budgetierung staatlicher Banken abgebaut und der Belarussische Rubel an einen Währungskorb aus Euro, Dollar und Russischem Rubel (statt allein an den Dollar) gekoppelt werden.[187]

---

[182] Zum 16. Januar 2011. Vgl. Nationalbank der Republik Belarus, Banking System.
[183] Vgl. Deloitte (2008), S. 4; Deloitte (2009), S. 7.
[184] Vgl. UNECE (2009), S. 22.
[185] Bei Direktinvestitionen handelt es sich um „Kapitalanlagen privater Unternehmen im Ausland, die der Gründung, Erweiterung oder dem Erwerb von Unternehmen bzw. der maßgeblichen Beteiligung an ihnen dienen". Eine FDI unterscheidet sich von einer Portfolioinvestition, bei der die Risiko-Ertrags-Relation grundlegend ist, durch das über eine reine Vermögensanlage hinausgehende Ziel, Einfluss auf die unternehmerische Tätigkeit auszuüben. Vgl. Stein (1994), S. 50; Bouhia (2009), S. 101.
[186] Vgl. Pease (2003), S. 184 ff.
[187] Vgl. Utkina/Hercksen(2010), S. 2f.

Das Jahr 2010 war durch eine expansive Geldpolitik im Vorfeld der Präsidentschaftswahlen (vgl. Kap. 2.1.1) gekennzeichnet. Die Geldmenge hat sich um knapp 40 % im Vergleich zum Vorjahr erhöht. Daraus ergibt sich nach Meinung von Regierungskritikern eine akute Inflationsgefahr[188]. Der Belarussische Rubel blieb auf Abwertungskurs. Allerdings trug die Senkung des Leitzinses[189] und folglich eine expansive Kreditvergabepolitik zur Konjunkturverbesserung bei und beschleunigte das Wachstum des BIP.[190]

Trotz der aktuellen wirtschaftlichen Probleme steht Belarus laut Bewertung der Ratingagentur Standard & Poor's seit der Verbesserung des Ratings per Juni 2009 als eines der am weitesten entwickelten Länder bei der Bonitätskategorie *B+*. Dies beruht auf dem Engagement des IMF im Land, vergleichsweise geringen Auslandsverbindlichkeiten sowie der geringen Staatsverschuldung.[191]

2.3 Rechtliche Rahmenbedingungen

Für eine Finanzierungs- und Investitionsentscheidung ist generell die Risiko-Ertrags-Relation entscheidend. Deshalb führen Eigen- und Fremdkapitalgeber vor einer Investition eine detaillierte Einschätzung der Risikofaktoren (sog. Due Diligence) durch. Bei einem Auslandsprojekt zur Energieerzeugung aus erneuerbaren Quellen sind außer technischen und branchenspezifischen Risiken[192] auch Länder- und Marktpreisrisiken[193] zu untersuchen.[194]

Zu den *Länderrisiken* gehören Gefahren aufgrund von rechtlichen und politischen sowie ökonomischen Instabilitäten eines Landes. Rechtliche Risiken werden durch mangelnde Rechtssicherheit oder die Diskriminierung von Rechten ausländischer Investoren gegenüber inländischen verursacht. Daraus resultieren hohe Transaktionskosten beim Abschluss und bei der Absicherung von Verträgen. Zu politischen Risiken zählen nicht nur die Stabilität des politischen Regimes, sondern auch diskriminierende politische Maßnahmen beispielsweise bei öffentlichen Ausschreibungen oder bei Planungs- und Genehmigungsverfahren, die zu einer

---

[188] Die Inflationsrate (die prozentuale Veränderung gegenüber dem Vorjahr) lag 2009 in Belarus bei 13 % und 2010 bei 7,3 %. Für das Jahr 2011 wird eine Steigerung um 10,8 % erwartet. Vgl. IMF, World Economic Outlook.

[189] Per 15.10.2010 betrug der Leitzins 10,5 % p.a., Anfang 2009 lag er bei 14 %. Vgl. Nationalbank der Republik Belarus, Refinancing Rate.

[190] Vgl. Meyer (2010b), S. 1, 6.

[191] Vgl. Stukenbrock/Gill (2009).

[192] Für die Analyse von *technischen und Projektrisiken* (beispielsweise die Ressourcenbewertung oder die Zugänglichkeit der Ersatzteile) wird in der Regel ein Sachverständiger im Auftrag der Kreditgeber und Investoren engagiert. Vgl. Justice (2009), S. 10f.

[193] In Literatur finden sich unterschiedliche Aufteilungsmodelle von Risiken. Risikokomponenten treten oft zusammen auf und können sich daher gegenseitig verstärken oder abschwächen. Vgl. Bucher (2010), S. 92 f.

[194] Vgl. Justice (2009), S. 3, 10.

teuren Bauverzögerung führen können.[195] Auch die unerwartete Änderung von Steuergesetzen oder Zentralbankaktivitäten[196] können die Unternehmenstätigkeit negativ beeinflussen.[197]

Finanz-, Geld- und währungspolitische Risiken gehören zu den ökonomischen Länderrisiken. Dazu zählen die Inflationsgefahr[198] sowie Konvertierungs- oder Transferrisiken, denen insbesondere Schwellenländer unterworfen sind. So generieren ausländische Investoren üblicherweise ihren Cashflow durch den Vertrieb von Energien aus erneuerbaren Quellen in lokaler Währung. Gleichzeitig bedienen sie oftmals ihre Verbindlichkeiten gegenüber Gläubigern und Anteilseignern in „harter" Währung.[199] Um die Währungsrisiken zu mindern, werden Projekte mit Hedging-Produkten strukturiert, die u.a. Entwicklungsbanken bereitstellen können.[200]

Marktpreisrisiken ergeben sich aus Änderungen der zukünftigen Elektrizitätspreise und beeinflussen Cashflow-Ströme direkt.[201] So stellt die Kopplung des Einspeisetarifs für Ökostrom an den Elektrizitätspreis aus langfristiger Perspektive ein systematisches Risiko für eine Investition dar.[202] Marktpreisrisiken können durch langfristige Abnahmeverpflichtungen (wie beispielsweise „take-or-pay contracts"[203]) gemindert werden.[204]

Eine stabile politische Situation sowie klare Rahmenbedingungen mindern die Risiken und, als Folge, auch die Finanzierungskosten. In Belarus sowie in anderen Schwellenländern, die durch hohe Risiken und Volatilitäten des Marktes gekennzeichnet sind, können Risiken durch Partnerschaften mit lokalen Organisationen sowie durch den Miteinbezug zusätzlicher Instrumente in die Finanzierung wie Staatsgarantien und Exportkreditgarantien reduziert werden (siehe Kap. 3.3).[205]

Das belarussische Gesetzgebungstempo ist wesentlich schneller, als die Rechtssicherheit es erfordert. Auf der einen Seite existieren Gesetzgebungsorgane, die auf gleicher Ebene agieren (Präsident und Parlament). Auf der anderen Seite gibt es Gesetzgebungsprogramme, „die auf

---

[195] Vgl. Altrogge (1996), S. 294.
[196] Zum Beispiel wenn sich ein Unternehmen zu einem variablen Zinssatz verschuldet hat und der Zinssatz unerwartet angehoben wird. Dies kann zu Zahlungsschwierigkeiten des Unternehmens oder einer Insolvenzgefahr führen.
[197] Vgl. Perridon/Steiner (2002) S. 198; Holtbrügge/Puck (2009), S. 37; Justice (2009), S. 10 ff.
[198] Vgl. Bucher (2010), S. 94 f.
[199] Vgl. Justice (2009), S. 10 ff.
[200] Vgl. Justice (2009), S. 20.
[201] Vgl. Priermeier (2005), S. 17.
[202] Vgl. Becker (2009), S. 22 f.; Perridon/Steiner (2002, S. 276.
[203] Eine Verpflichtung des Abnehmers, „während eines festgelegten Zeitraums bestimmte Mengen des in der Anlage hergestellten Produktes zu einem vereinbarten Preis zu beziehen". Funk (1988), S. 428.
[204] Vgl. Justice (2009), S. 11; Funk (1988), S. 426 ff.
[205] Vgl. Justice (2009), S. 19 f.

eine Vervollkommnung der Gesetzestexte gerichtet sind und insofern eine massive Flut an Rechtsakten auslösen"[206]. Dazu kommt, dass jeder Rechtsakt eine sog. Öffnungsklausel für die Gültigkeit anderer Rechtsakte aufweist, ohne dabei eine Hierarchie aufzubauen.[207]

So existieren zahlreiche Normen, Standards und Richtlinien sowie Verordnungen und Erlasse für die effiziente Nutzung von Energie und Energiequellen.[208] Diese Unübersichtlichkeit beeinträchtigt die Rechtssicherheit maßgeblich, die Investoren für ihre Investitionstätigkeit benötigen.[209]

Die größten Hürden für eine Geschäftsentwicklung in Belarus für ausländische Investoren bleiben u.a. das Besteuerungssystem, die Lizenzierung und das Genehmigungsverfahren.[210] So besitzt Belarus im Rating der Weltbank „Doing Business 2011" im Hinblick auf die Komplexität der Besteuerung den letzten, 183. Platz.[211] Die Lizenzierungspflicht ist ebenso sehr komplex. Der Devisenverkehr ist stark eingeschränkt, Fremdwährungen müssen zwangsweise in belarussische Rubel umgetauscht werden. Allerdings soll die Korruption[212] eine wesentlich geringere Bedeutung haben als z.B. in Russland oder in der Ukraine.[213] Positiv ist das Inkrafttreten eines neuen Zollgesetzbuches im Februar 2007 zu beurteilen, in dem „der Steuersatz für die Einfuhr von technischer Ausrüstung in die Republik Belarus auf 0 % festgelegt [wurde], um den Technologieaustausch in Belarus zu fördern"[214]. Dies soll Investitionen in erneuerbare Energien in Belarus begünstigen, da der Transfer von Ausrüstung und Anlagen zur Produktion von sauberer Energie aus dem Ausland ohnehin schon mit hohen Kosten verbunden ist.

Das Gebäudeeigentum ist in Belarus vom Bodeneigentum getrennt: Juristische und natürliche Personen können zwar Bauwerke erwerben, jedoch bleiben Grund und Boden im Besitz des Staates.[215] Sie sind einem Nutzungsrecht (Pacht) unterworfen. Dabei ist das Verfügungsrecht

---

[206] Knoll-Biermann/Mashonsky/Vabishevich (2007).
[207] Vgl. Knoll-Biermann/Mashonsky/Vabishevich (2007).
[208] Vgl. UNECE (2009), S. 18.
[209] Knoll-Biermann/Mashonsky/Vabishevich (2008).
[210] Vgl. Glambotskaya (2010), S. 17 ff.
[211] Im Gesamtrating von „Doing Business 2010" der Weltbank hat Belarus seine Stellung von Platz 82 im Jahr 2009 auf den 58. Platz 2010 verbessert (zum Vergleich: Deutschland belegt Platz 25). Im Jahr 2011 rückte das Land auf den Platz 68. Vgl. The World Bank/IFC (2009) S. 4, S. 43; The World Bank/IFC (2011), S. 2 ff.
[212] Nach dem Corruption-Perceptions-Index-(CPI-)Ranking von 2010 nahm Belarus den Platz 127 (Ukraine: 134, Russland: 154) von insgesamt 178 ein, was auf eine Verbesserung gegenüber dem Vorjahr um ca. 11 Positionen deutet. Vgl. Transparency International (2010), S. 2.
[213] Vgl. Knoll-Biermann/Mashonsky/Vabishevich (2007).
[214] Knoll-Biermann/Mashonsky/Vabishevich (2007).
[215] Der Erwerb von Grund und Boden durch juristische Personen ist in Ausnahmefällen möglich, bedarf allerdings die Zustimmung des Präsidenten. Vgl. Knoll-Biermann/Mashonsky/Vabishevich (2007).

über eine Landfläche eine wichtige Bedingung für einen (ausländischen) Investor, der langfristige Investitionen in einem Land anstrebt. Die Möglichkeit einer Privatisierung wäre hierbei aus Sicht ausländischer Investoren wünschenswert.[216]

Wie schon betont, unternimmt die belarussische Regierung Anstrengungen zur Investitionsankurbelung. Als Beleg dafür dient das im Jahr 2009 verabschiedete Gesetz „Über die Schaffung der zusätzlichen Bedingungen für die Investitionstätigkeit in der Republik Belarus"[217]. Das Gesetz soll die Regelungen hinsichtlich der Nutzung von Grundstücken, der Projektabstimmung sowie der Besteuerung deutlich vereinfachen.[218]

Zu den weiteren wichtigen Fortschritten in Richtung Liberalisierung des belarussischen Marktes gehört die Abschaffung des staatlichen Vetos bei Unternehmensentscheidungen (die sog. „goldene Aktie") seit März 2008. Ferner wurden zum 1. Januar 2011 die Beschränkungen bezüglich der Veräußerung von Aktien von privatisierten Aktiengesellschaften aufgehoben.[219]

Um den Privatsektor dazu anzuregen in erneuerbare Energien zu investieren, muss der Staat vor allem seine Energiepolitik entsprechend gestalten. Dabei erbringen, wie die US-amerikanischen Wissenschaftler *Wiser et al.* bewiesen haben[220], staatliche Förderprogramme wie Zuschüsse, zinsgünstige Darlehen oder Steuernachlässe eine schwächere Leistung, wenn Finanzierungsaspekte bei der Energiepolitikgestaltung vernachlässigt werden. Rahmenbedingungen, die keine langfristige (10 bis 20 Jahre) Sicherheit im Hinblick auf den zukünftigen Cashflow ermöglichen, treiben die Risikomargen, die Investoren übernehmen müssen, in die Höhe. Insbesondere trifft es Entwicklungs- und Schwellenländer, wo institutionelle und politische Rahmenbedingungen keinen langfristigen Planungshorizont für inländische und ausländische Investoren gewährleisten können. Somit schaffen Energiepolitiken, wie beispielsweise Einspeiseregelungen für erneuerbare Energien nach dem deutschen EEG, eine Grundlage für die adäquate Finanzierung solcher Projekte.[221]

Das belarussische Gesetz „Über erneuerbare Energiequellen"[222] ist am 27. Dezember 2010 nach jahrelangen Überarbeitungen in Kraft getreten. Es sieht

---

[216] Vgl. Knoll-Biermann/Mashonsky/Vabishevich (2007).
[217] Vgl. Dekret des Präsidenten der Republik Belarus Nr. 10 vom 06.08.2009 sowie Ministerratsbeschluss der Republik Belarus Nr. 1449 vom 06.11.2010.
[218] Vgl. Meißner/Ueckerdt/Schenk (2010), S. 12.
[219] Vgl. Dekret des Präsidenten der Republik Belarus Nr. 8 vom 26.06.2009; Liessem (2011), S. 2.
[220] Siehe dazu Wiser/Pickle (1998) und Wiser/Porter/Clemmer (2000).
[221] Vgl. Madlener/Michelsen (2008), S. 159, 163.
[222] Vgl. Gesetz der Republik Belarus Nr. 204-3 vom 27.12.2010.

- die Einspeisevergütung für Elektrizität aus erneuerbaren Energiequellen über 10 Jahre,

- die Garantie eines Netzanschlusses für Erzeuger und

- die Vorrangigkeit der Einspeisung durch den Netzbetreiber vor.

Die Preise für Brennholz, andere Arten von Biomasse, Biogas sowie die Tarife für Energie aus erneuerbaren Energiequellen werden in besonderen Rechtsakten festgelegt (siehe Tarifpolitik, Kap. 2.1.4), auf die im Gesetz nicht explizit verwiesen wird. Die Finanzierung der Projekte soll nach dem Gesetz aus dem Staatsbudget sowie aus Eigenmitteln juristischer und natürlicher Personen und „anderer nicht rechtswidriger Quellen" erfolgen. Dabei genießen Investoren einige Steuererleichterungen. Die Kosten des Netzanschlusses tragen die Anlagenbetreiber.[223] Dies soll Anreize für die kosteneffiziente Produktion von Energie schaffen.[224]

Mit der Gesetzesverabschiedung verfolgt die Regierung das Ziel, die Investitionstätigkeit in Belarus zu stimulieren sowie günstige Bedingungen für inländische und ausländische Investoren bei der Finanzierung von Projekten im Bereich regenerativer Energien zu schaffen. Dies soll zur Versorgungssicherheit des Landes sowie zum Umweltschutz beitragen.[225]

Jedoch ist die Geltungsdauer der Tarifzahlung relativ kurz angelegt. So erhalten z.B. Anlagenbetreiber in Deutschland 20 Jahre[226] lang eine garantierte Vergütung für den ins Netz eingespeisten Strom aus erneuerbaren Energiequellen.[227] Dabei ist die Dauer einer Vergütungsgarantie einer der wichtigsten Sicherheitsfaktoren für Investoren. Wird dies nicht ausreichend gewährleistet, kann die Finanzierung solcher Projekte zu teuer werden.

Dem Thema Finanzierung wird bei der Energiepolitikgestaltung oft wenig Beachtung geschenkt.[228] Dabei hat die Gestaltung des energiepolitischen Instrumentariums einen bedeutenden Einfluss auf die Finanzierungsmöglichkeiten von Projekten im Bereich erneuerbarer Energien und somit auf die Implementierung von nachhaltigen Technologien.[229] Deshalb wird im Folgenden auf Finanzierungsaspekte von Projekten zur sauberen Energieerzeugung unter den gegebenen Rahmenbedingungen in Belarus näher eingegangen.

---

[223] Vgl. Gesetz der Republik Belarus Nr. 204-3 vom 27.12.2010, Art. 18, 19, 20.

[224] Vgl. Meißner/Ueckerdt/Schenk (2010), S. 14 ff.

[225] Vgl. Gesetz der Republik Belarus Nr. 204-3 vom 27.12.2010, Art. 18; Meißner/Ueckerdt/Schenk (2010), S. 14 f.

[226] Vgl. § 21 Abs. 2 EEG. Für Strom aus Wasserkraft, produziert mit Anlagen einer Leistung über 5 MW (§ 23 Abs. 3), erhalten Anlagenbetreiber eine Vergütungsgarantie über 15 Jahre.

[227] Vgl. Meißner/Ueckerdt/Schenk (2010), S. 16.

[228] Vgl. Wieser/Pickle/Goldmann (1997), S. 65.

[229] Vgl. Finanzierung innovativer Energietechnologien als ein wichtiger Einflussfaktor für Marktdiffusion und Politikgestaltung (2008), S. 159 ff.

3 Finanzierungsquellen für Investitionen in erneuerbare Energien

Die Entwicklung von erneuerbaren Energien hängt von einer Reihe sozialer, ökonomischer, technischer und institutioneller Faktoren ab. Dabei kommt dem Faktor Finanzierung bzw. der Kapitalbeschaffung für Investitionszwecke[230] eine Schlüsselrolle zu[231], da Projekte in diesem Bereich hohe Anfangsinvestitionen mit einer relativ langen Kapitalbindungsdauer[232] benötigen.

Ein in erneuerbare Energien investierendes Unternehmen hat generell zwei Möglichkeiten der Kapitalbeschaffung: als Eigenkapital (durch den Verkauf von Anteilen) oder als Fremdkapital (beispielsweise durch Kreditaufnahme bei einer Bank). Eigen- und Fremdkapitalinvestoren analysieren ein Projekt sowie ein Unternehmen aus unterschiedlichen Perspektiven. Fremdkapitalinvestoren vergeben Kredite und haben den periodengemäßen Erhalt der Zins- und Tilgungszahlungen zum Ziel. Sie partizipieren nicht am Unternehmenserfolg und im Falle einer Insolvenz werden ihre Rückzahlungsansprüche vorrangig bedient. Bei der Finanzierung eines Projektes zur Energieerzeugung aus regenerativen Quellen erwarten Fremdkapitalgeber, dass das Projekt zumindest mit einem Anteil von 20 % durch Eigenkapital finanziert wird. Dabei gilt: Je höher die Risiken sind, desto mehr Eigenkapital sollte in ein Projekt fließen.[233]

Eigenkapitalinvestoren hingegen suchen nach Investitionsmöglichkeiten in Unternehmen, Projekte oder Projektportfolios und erwarten eine entsprechend höhere Rendite für ihre höhere Risikoinkaufnahme.[234] Dabei kann eine Finanzierung mithilfe von Eigenkapital als Direktinvestition von Eigenressourcen oder unter Einsatz von Kapital einer dritten Partei erfolgen.[235] Eigenkapitalinvestoren beanspruchen potentiell die unbegrenzte Partizipation am Unternehmens- bzw. Projekterfolg[236]. Dabei partizipiert die eigenkapitalgebende Institution nicht nur an positiven Rückflüssen, sondern kann auch Verluste erleiden, wenn das Projekt scheitert, da sie ihren Rückzahlungsanspruch erst nach den Fremdkapitalgebern geltend machen kann.[237]

---

[230] Vgl. Schmidt/Terberger (1997), S. 171 ff.; Büschgen (1998), S. 161.

[231] Vgl. Liming (1998), S. 1097 f.

[232] Beispielsweise das Eigenkapital wird durch das Projekt für 20 bis 25 Jahre gebunden. Vgl. Justice (2009), S. 13 f.

[233] Vgl. Lindlein/Mostert (2005), S. 17 ff.; Justice (2009), S. 3 f.

[234] Vgl. Drukarczyk (2003), S. 129 f.

[235] Privatunternehmen können außerdem durch einen Börsengang (Initial Public Offering) Kapital verschiedener Investoren aufbringen, während börsennotierte Unternehmen Expansionspläne durch eine weitere Herausgabe von Aktien finanzieren können. Dies wird allerdings im Rahmen dieser Studie nicht explizit betrachtet.

[236] Vgl. Lindlein/Mostert (2005), S. 18.

[237] Vgl. Justice (2009), S. 3 f.

Im Weiteren werden folgende Instrumente der Finanzierung von Projekten im Bereich erneuerbarer Energien im Hinblick auf den belarussischen Markt dargestellt: die Finanzierung durch den Privatsektor, also durch Eigen- und Fremdkapitalgeber, und die Finanzierung durch staatliche Organe. Dabei teilen sich Eigenkapitalgeber im Hinblick auf ihren Anlagebeweggrund in strategische Investoren und Finanzinvestoren. Im Abschnitt zur Fremdfinanzierung liegt der besondere Fokus auf dem Thema Projektfinanzierung vor einer klassischen Kreditfinanzierung sowie auf der Rolle internationaler Organisationen im gesamten Finanzierungsmix. Staatliche Subventionen werden aufgrund ihrer hohen Relevanz für die Implementierung von Technologie zur sauberen Energieerzeugung gesondert betrachtet.

3.1 Eigenkapitalinvestoren

3.1.1 Strategische Investoren

Eine strategische Investition wird von *Blohm et al.* als „die Gesamtheit aller investiven Maßnahmen zur Umsetzung einer spezifischen strategischen Entscheidung"[238] definiert, wobei sie ein langfristiges Erfolgspotential für ein Unternehmen schaffen soll. Strategische Entscheidungen betreffen vor allem neue oder verbesserte Produkte und Verfahren sowie die Erschließung neuer Märkte. Eine strategische Investition ist u.a. durch den hohen Grad ihrer Auswirkungen auf das Gesamtunternehmen über den unmittelbaren Investitionsbereich hinaus gekennzeichnet.[239]

Typischerweise engagieren sich strategische Investoren im näheren Umfeld ihrer Unternehmenstätigkeit. Der Grund dafür ist die gute Kenntnis des Marktumfeldes und dessen Besonderheiten.[240] Strategische Investoren sind nicht nur an zukünftigen Renditen auf das investierte Kapital interessiert, sondern mehr noch an positiven Auswirkungen wie Wachstums-, Synergie- und Integrationspotentialen für ihre bestehenden Unternehmen.[241] Im Vergleich zu Finanzinvestoren haben strategische Investoren einen weiteren Planungshorizont, da sie mit ihrem Engagement die Sicherung von Marktanteilen anstreben.

Zu strategischen Investoren im Energiebereich gehören transnationale Unternehmen wie Vattenfall AB, RWE AG, E.on AG, Enertrag AG, TDF Ecotech AG, Strabag SE etc. So haben

---

[238] Blohm/Lüder/Schaefer (2006), S. 231.
[239] Vgl. Blohm/Lüder/Schaefer (2006), S. 231 f.
[240] Vgl. Neurath/Stöhrer (2003).
[241] Vgl. Houben (2003), S. 187 f.

beispielsweise deutsche, französische und italienische marktführende Unternehmen auf dem Elektrizitätssektor die Distributionsunternehmen der Slowakei, Bulgariens, der Tschechischen Republik und anderer postsowjetischer Länder gekauft.[242]

Strategische Investoren verbinden eine Kapitalanlage mit einem Geschäft. So wurde beispielsweise Mitte letzten Jahres ein Investitionsvertrag zwischen der Republik Belarus und dem schweizerischen Unternehmen TDF Ecotech AG zur Realisierung des Projektes „Projektierung, Bau und Betrieb der Biogasanlagen"[243] abgeschlossen. Die erste Anlage zur Deponieentgasung in Belarus in Trostenets[244] nahe der Hauptstadt Minsk, mit der bis zu 24.000 MWh Ökostrom jährlich in das Stromnetz eingespeist werden sollen, wurde in Betrieb genommen. Mithilfe der Anlage soll der CO_2-Ausstoß jährlich um 60.000 t verringert werden. Die Investitionen für das Projekt betragen 7 Mio. € und werden durch die TDF Ecotech AG, die TelDaFax Energy GmbH und internationale Investoren eingebracht.[245]

Überdies beabsichtigt die TDF Ecotech AG die Realisierung von weiteren fünf Projekten mit einer Gesamtleistung von 30 MW in Belarus. So ist beispielsweise die Fertigstellung eines Abfallwirtschaftszentrums für 2012 in Sicht, in dem ca. 40 % aller Haushaltsabfälle der Hauptstadt verarbeitet werden. Die TDF Ecotech AG investiert nach Angaben der Nachrichtenagentur BelTA 24 Mio. € in Projekte in Belarus.[246]

Anderseits sind die Eigenkapitalressourcen der Projektentwickler typischerweise limitiert und können somit keinen maßgeblichen Beitrag zum gesamten Finanzierungspaket leisten. Deshalb ist eine Beteiligung zusätzlicher Investoren in Equity angesagt.[247]

3.1.2 Finanzinvestoren

Private Equity ist das außerbörsliche Eigenkapital privater oder institutioneller Investoren[248], das der „Investitionsfinanzierung von Unternehmen in Form von Beteiligungen"[249] dient. Zweck des Engagements von Private-Equity-Investoren bzw. Finanzinvestoren ist eine Kapi-

---

[242] Vgl. Zachmann/Zaborovsky (2009), S. 9.
[243] Ministerratsbeschluss der Republik Belarus Nr. 1152 vom 02.08.2010.
[244] Die Mülldeponie bei Trostenets mit einer Fläche von 26,5 Hektar und der Ablagerung von 20 Mio. t Hausmüll zählt zu den größten in Europa. Vgl. Vassiliev/Müller (2010).
[245] Vgl. Vassiliev (2010).
[246] Vgl. Vassiliev/Müller (2010); o.V. (2010d).
[247] Vgl. Lindlein/Mostert (2005), S. 17 ff.
[248] Institutionelle Investoren spielen aufgrund hoher Kapitalvolumen bei der Finanzierung von Projekten im Bereich erneuerbarer Energien eine übergeordnete Rolle.
[249] Busse (2003), S. 246.

talanlage mit Gewinnerzielungsabsicht.[250] Oft tätigen sie ihre Kapitalanlagen unter Hinzuziehung von strategischen Investoren, da Letztere meistens gute Branchenkenntnisse aufweisen.[251]

Privat Equity wird nicht an Kapitalmärkten gehandelt, sondern in bilateralen Vereinbarungen zwischen Kapitalgebern (Private-Equity-Gesellschaften als Finanzintermediären i.e.S.[252]) und Kapitalnehmern festgehalten.[253] Dabei agieren institutionelle Finanzinvestoren wie beispielsweise Private Equity Funds, Infrastruktur- und Pensionsfonds als Sammelstelle von Geldern einzelner vermögender Privatanleger, Industrieunternehmen, Versicherungsgesellschaften und Pensionskassen sowie Banken und beteiligen sich durch eine Kapitalinvestition[254] an einem Projekt, einem Unternehmen oder einem Portfolio.[255] Durch ihre Beteiligung streben sie einerseits Gewinne und Ausschüttungen an, andererseits Erlöse aus der Veräußerung von Anteilen (z.B. an einem strategischen Investor).[256]

Die Theorie der Existenz von Private-Equity-Gesellschaften als Finanzintermediären i.e.S. liefert die Neue Institutionenökonomik (NIE). Sie verzichtet auf die neoklassische Annahme eines vollkommenen Marktes und stellt die asymmetrische Verteilung von Informationen[257] zwischen Vertragspartnern angesichts der Existenz von Transaktionskosten[258] (als Informations- und Suchkosten) in den Vordergrund.[259]

Der Transaktionskostenansatz als ein Zweig der NIE stellt die Kosten einer Austauschbeziehung, die am Markt stattfindet, den Kosten einer Austauschbeziehung innerhalb einer Organi-

---

[250] Vgl. Arlinghaus/Balz (2001), S. 34 f.

[251] Vgl. Sauermann (2010), S. 7 ff.

[252] Der Begriff eines Finanzintermediär i.w.S. umfasst außerdem Institutionen, „die sich nur auf die Bereitstellung von Informationen spezialisiert haben, wie z.B. Rating-Agenturen". Hartmann-Wendels/Pfingsten/Weber (2007), S. 110; Obst/Hintner (2000), S. 201.

[253] Vgl. Sauermann (2010), S. 7 ff.

[254] Eine Finanzierung durch Privat Equity wird trotz ihres Charakters einer Eigenkapitalfinanzierung nur befristet zur Verfügung gestellt. Vgl. Sauermann (2010), S. 117.

[255] Vgl. Hartmann-Wendels/Pfingsten/Weber (2007), S. 110 ff.; Justice (2009), S. 6.

[256] Vgl. Baldeweg (2006), S. 86 f.

[257] Eine asymmetrische Informationsverteilung ist die Grundlage der Agency-Theorie, des Anreizzweiges der Neuen Institutionenökonomik. Dabei verursacht die Beschaffung von Informationen Kosten für Vertragsparteien. Diese negativen Auswirkungen der Informationsasymmetrie können durch Institutionen, die als „ein System von formellen und informellen Regeln einschließlich der zu ihnen gehörenden Organisationen und Personen" (Sauermann 2010, S. 82) verstanden werden, ausgeglichen werden. Institutionen haben die Beeinflussung des Verhaltens von Vertragsparteien in eine bestimmte Richtung zum Ziel. Vgl. Schmidt/Terberger (1997), S. 176 ff.

[258] Der erste Ökonom, der das Thema Transaktionskosten angesprochen hat, war Ronald H. Coase (siehe dazu Coase 1937). Heute gilt er als Begründer der Neuen Institutionenökonomik. Vgl. Knoedler/Prasch/Champlin (2007), S. 69 ff.

[259] Vgl. Sauermann (2010), S. 79 ff.; Obst/Hintner (2000), S. 208 ff.

sation gegenüber.[260] Dabei ist es im Hinblick auf die Faktoren Unsicherheit, Spezifität und Häufigkeit einer Transaktion[261] kosteneffizienter, diese Transaktion über den Markt bzw. innerhalb einer Organisation durchzuführen.[262] So ist es für Unternehmen sinnvoll, Transaktionen zur Kapitalbeschaffung für kapitalintensive und langfristige Investitionen in Projekte zum Ausbau von erneuerbaren Energien über Finanzintermediäre wie Private-Equity-Gesellschaften abzuwickeln, statt mit einzelnen Fondsanlegern individuelle Verträge abzuschließen.

Finanzinvestoren haben jedoch generell kein besonderes Interesse an erneuerbaren Energien, solange sie über profitablere kurzfristigere Investitionsalternativen verfügen. So liegt die Geschäftsabschlussrate (deal closure ratio) der Finanzierungsanfragen für Projekte zur Erzeugung sauberer Energie nach Angaben der KfW nur bei 5 %.[263] Allerdings existieren Equity Fonds, die speziell für Projekte im Bereich erneuerbarer Energien geschaffen wurden. Manche kommen aus dem Privatsektor[264], andere sind durch multilaterale Organisationen wie Global Environment Facility (GEF) oder International Finance Corporation (IFC) gesponsert (siehe dazu Kap. 3.2.2).[265] Dazu kommt der Trend, dass Investoren zunehmend eine Sektordiversifikation anstreben, wobei der Energiesektor immer mehr private wie auch institutionelle Investoren anzieht.[266]

3.2 Fremdkapitalinvestoren

Die Aufteilung des Gesamtkapitals in Eigen- und Fremdkapital macht die Ermittlung einer optimalen Kapitalstruktur notwendig, bei der die Eigenkapitalrentabilität maximiert, während die durchschnittlichen Kapitalkosten minimiert bzw. der Marktwert der Unternehmung maximiert wird.[267]

---

[260] Vgl. Picot (1982), S. 267 ff.
[261] Eine Erklärung des Transaktionskostenansatzes liefert *Williamson* (1975, 1985). Er definiert Faktorspezifität, Unsicherheit und Häufigkeit als Attribute einer Transaktion (unter Annahme einer begrenzten Rationalität und des opportunistischen Verhaltens von Vertragsparteien), die zu einem hohen Level von Transaktionskosten und somit zu einer Entscheidung, Transaktionen innerhalb eines Unternehmens abzuwickeln, führen. Vgl. Williamson (1975); Williamson (1985).
[262] Vgl. Picot (1982), S. 270.
[263] Vgl. Lindlein/Mostert (2005), S. 19.
[264] Beispielsweise die niederländische Sozialbank Triodos Bank beteiligt sich nur an Organisationen und Projekten mit Sozial- und Umweltausrichtung in Entwicklungsländern.
[265] Vgl. Lindlein/Mostert (2005), S. 19.
[266] Vgl. Bouhia (2009), S. 107.
[267] Vgl. Busse (2003), S. 59 f.

Private Unternehmen aus dem Energiebereich benötigen einen Anteil an Fremdkapital im Finanzierungsmix ihrer Investitionen, da dieser den Leverage-Effekt[268] für die Erhöhung der Eigenkapitalrendite liefert. Der erwähnte Begriff „Leverage-Effekt" bedarf zunächst einer Erklärung.

Fremdkapitalgeber beziehen einen vertraglich festgelegten Zinssatz für das zur Verfügung gestellte Kapital. Das Eigenkapital verzinst sich demgemäß durch die „verbleibende Residualgröße"[269] – eine Differenz zwischen dem Periodengewinn ($\bar{x}$) und den Fremdkapitalzinsen:

$$r_{EK} = \frac{\bar{x} - i \cdot FK}{EK}$$

Das bedeutet, die Substitution von Eigen- durch Fremdkapital erhöht die Eigenkapitalrentabilität im Sinne der Renditeerwartungen der Anteilseigner[270], allerdings nur solange die Investition eine höhere Rendite erwirtschaftet als das Fremdkapital Kosten verursacht.[271] Diese Abhängigkeit der Eigenkapitalrendite vom Verschuldungsgrad (debt to equity ratio) eines Unternehmens wird Leverage-Effekt genannt.[272] Seine Ausprägung findet sich in der neoklassischen Finanzierungstheorie: So besagt die zweite These von *Modigliani/Miller*[273], dass mit dem steigenden Verschuldungsgrad die Eigenkapitalkosten (linear[274]) steigen.[275]

Aus der Perspektive eines Kapitalnehmers steht jedoch nicht die Kapitaleinsatzrendite im Vordergrund, sondern die Kosten[276] für das zur Verfügung gestellte Kapital.[277] Somit ist das Ziel jedes Unternehmens, seine Kapitalstruktur so zu optimieren, dass die durchschnittlichen

---

[268] Leverage-Effekt oder Hebelwirkung bedeutet, dass eine kleine Veränderung einer Variablen eine größere Veränderung einer anderen Variablen hervorruft.
[269] Perridon/Steiner (2002), S. 487.
[270] Sollte das Investitionsprojekt scheitern, wird der Leverage-Effekt eine gleichermaßen negative Auswirkung liefern.
[271] Vgl. Perridon/Steiner (2002), S. 487 ff.
[272] Vgl. Preißler (2008), S. 100 f.
[273] Vgl. Modigliani/Miller (1958).
[274] Die neoklassische Theorie basiert auf Annahmen eines vollkommenen Kapitalmarktes, was eine Abwesenheit von Transaktionskosten impliziert. Dies führt zur Unabhängigkeit des Fremdkapitalkostensatzes vom Verschuldungsgrad. In der Realität verursacht jedoch eine zunehmende Verschuldung die Erhöhung des Fremdkapitalkostensatzes. Der Grund dafür ist das steigende Zahlungsausfallrisiko, das Gläubiger dabei zusätzlich übernehmen müssen. Laut der Prinzipal-Agenten-Problematik der Agency-Theorie resultieren die hohen potentiellen Konkurskosten in der Marktwertsenkung eines Unternehmens. Somit wachsen Renditeanforderungen von Anteilseignern mit zunehmender Verschuldung eines Unternehmens nicht linear, sondern mit abnehmenden Zuwächsen. Vgl. Perridon/Steiner (2002), S. 499 ff.
[275] Vgl. Perridon/Steiner (2002), S. 499 ff., 531 ff.
[276] Kosten des Kapitals nehmen ihren Ursprung in der volkswirtschaftlichen Zinstheorie, laut der Kapital zu den Produktionsfaktoren gezählt wird, deren Nutzung eine Erstattung verlangt. Die Wartetheorie betrachtet den Zins als eine Erklärung für den Verzicht von Kapitalgebern auf den heutigen Konsum. Vgl. Perridon/Steiner (2002), S. 493 f.
[277] Vgl. Perridon/Steiner (2002), S. 493 ff.

Kapitalkosten[278] (WACC) minimiert werden bzw. sein Marktwert[279] maximiert wird. Die als „traditionell" benannte Theorie der Kapitalzusammensetzung geht davon aus, dass sich der optimale Verschuldungsgrad bzw. -bereich erreichen lässt, indem das Unternehmen „teures" Eigenkapital durch „billiges" Fremdkapital[280] unter Beachtung der Risikoübernahmebereitschaft der Kapitalgeber[281] substituiert.

Und obwohl *Modigliani/Miller* behaupten, die Kapitalstruktur eines Unternehmens hätte keine Einwirkung auf dessen Marktwert bzw. auf dessen durchschnittliche Kapitalkosten, verliert diese Behauptung ihre Kraft, sobald der Einfluss von Steuern (s_c) in die Betrachtung einbezogen wird. Dadurch, dass Fremdkapitalzinsen steuerlich abzugsfähig sind, ergibt sich durch den Einsatz von Fremd- anstatt von Eigenkapital ein unternehmerischer Steuervorteil (Tax Shield):[282]

$$WACC = r_{EK} \cdot \frac{EK^M}{GK^M} + i \cdot \frac{FK^M}{GK^M} \cdot (1 - s_c)$$

Eine Grenze für Tax Shield stellt die drohende Zahlungsunfähigkeit eines Unternehmens durch seine Überschuldung dar. Dies deutet auf einen Zielkonflikt zwischen Steuervorteilen aus einer Fremdfinanzierung und Insolvenzkosten hin[283], was wiederum die Existenz eines optimalen Verschuldungsgrades impliziert. Auch *Ben-Shahar*[284] hat ausgehend vom *Modigliani-Miller*-Theorem die Existenz eines Bereiches effizienter Kapitalstrukturen[285] bewiesen. Diesem Bereich sollten sich Unternehmen bei ihren Kapitalausstattungsmaßnahmen annähern.[286]

---

[278] Die durchschnittlichen Kapitalkosten setzen sich aus den Eigen- und Fremdkapitalkosten zusammen, gewichtet nach ihrem Anteil am Gesamtkapital. Vgl. Perridon/Steiner (2002), S. 494.

[279] Der Marktwert eines Unternehmens bzw. seine Gesamtkapitalkosten setzen sich aus Eigen- und Fremdkapitalkosten zusammen. Der Marktwert stellt eine Relation des Periodenüberschusses zu den durchschnittlichen Kapitalkosten dar. Vgl. Perridon/Steiner (2002), S. 493 ff.

[280] Fremdkapital ist (anfangs) billiger, weil es im Konkursfall vorrangig bedient wird. Somit sind die Ausfallrisiken kleiner als beim Eigenkapital, was zu niedrigeren Renditen der Fremdkapitalgeber führt. Vgl. Kruschwitz (2004), S. 266 ff.

[281] Eine exzessive Verschuldungspolitik führt zum Anstieg von Renditeforderungen von Eigen- sowie Fremdkapitalgebern, was die Verschuldung ab einem bestimmten Grad irrational macht.

[282] Vgl. Süchting (1995), S. 470 ff.; Perridon/Steiner (2002), S. 506 ff., 142.

[283] Vgl. Kruschwitz (2004), S. 251 ff.

[284] Vgl. Ben-Shahar (1968).

[285] Der Bereich effizienter Kapitalstrukturen ist der optimale Verschuldungsbereich, „in dem die Kapitalkostenkurve parallel zur Abszisse verläuft". Perridon/Steiner (2002), S. 509.

[286] Vgl. Süchting (1995), S. 470 ff.; Perridon/Steiner (2002), S. 487 ff.

Die Zuführung von Fremdkapital bei einem in erneuerbare Energie investierenden Unternehmen dient der Gestaltung des optimalen Verschuldungsgrades und erfolgt hauptsächlich durch Geschäftsbanken oder internationale Organisationen (Entwicklungsbanken).

3.2.1 Kredite der Geschäftsbanken:
Klassische Kreditfinanzierung vs. Projektfinanzierung

Eine Fremdfinanzierung von Projekten zur Erzeugung regenerativer Energie kann generell durch die beiden[287] folgenden Strukturen realisiert werden: eine Finanzierung auf Corporate-Finance-Basis (typisch dafür sind kleine Projekte für eine netzgebundene Stromerzeugung) oder eine Projektfinanzierung (bei großen Projekten).[288]

Die erste Form der Finanzierung, eine *klassische Kreditfinanzierung* oder die Finanzierung „on balance sheet", bedeutet die Zurverfügungstellung von Finanzmitteln an ein Wirtschaftssubjekt, das sie zum abgestimmten Zweck (z.B. für ein bestimmtes Projekt) verwenden darf.[289] Das von den Geschäftsbanken als Gläubiger[290] zur Verfügung gestellte Fremdkapital unterliegt normalerweise keinen strengen Restriktionen bezüglich seiner Nutzung.[291] Die leihende Person oder Gesellschaft ist der Schuldner, der mit seinem gesamten Eigentum, besonders mit den besicherten Posten des bilanzierten Vermögens oder seinem Privateigentum, haftet. Diese in der Bilanz des Unternehmens ausgewiesene Finanzierung ist meistens einfacher und kostengünstiger im Hinblick auf ihr Arrangement (die Gesamtkosten einer Kreditaufnahme sind niedriger) und hat eine flexiblere Finanzierungsstruktur als eine Projektfinanzierung.[292]

Eine klassische Fremdkapitalfinanzierung unterstellt einen (fixen) Zinssatz[293] und einen Tilgungsplan.[294] Fremdkapitalgeber sind risikoavers. Vor der Kreditvergabe bewerten sie die Unternehmenskennzahlen, um die Finanzstabilität des Unternehmens zu beurteilen. Sie analysieren das Projekt aus einer Worst-Case-Perspektive.[295]

---

[287] Die dritte Form – Mikrofinanzierung oder Finanzierung von kleinen Projekten der dezentralen Stromerzeugung – wird im Rahmen dieser Studie nicht explizit betrachtet.
[288] Vgl. Lindlein/Mostert (2005), S. 9.
[289] Vgl. Lindlein/Mostert (2005), S. 21; Jokisch/Mayer (2002), S. 60 f.
[290] Vgl. Breuer (2008), S. 21.
[291] Vgl. Justice (2009), S. 5.
[292] Vgl. Lindlein/Mostert (2005), S. 21 f.
[293] Dabei besteht eine positive Korrelation zwischen der Risikoinkaufnahme eines Gläubigers und dem Zinssatz, vorausgesetzt, dass das Risiko für den Kapitalgeber akzeptabel ist. Vgl. Lindlein/Mostert (2005), S. 19.
[294] Vgl. Spremann (1991), S. 57.
[295] Vgl. Lindlein/Mostert (2005), S. 19.

Ein Beispiel für eine Finanzierung „on balance sheet" stellen privatwirtschaftliche Versorgungsunternehmen (bzw. „utilities with low corporate borrowing costs"[296]) dar, die einen Teil der Unternehmensstrategie auf erneuerbare Energien ausrichten wollen. Als Investoren können sie über die Finanzmittel verfügen, die sie auf dem Finanzmarkt im Rahmen einer Anleiheemission oder einer Kreditaufnahme[297] meistens zu niedrigen Kosten beschaffen.[298] Solche Strategien sind typisch für einen liberalisierten Energiemarkt (freie Marktwirtschaft), hingegen befindet sich die gesamte Wertschöpfungskette (Produktion, Übertragung, Verteilung und Vertrieb von Strom) in Belarus immer noch in Staatshand (vgl. Kap. 2.1).

Jedoch sind die Nutzungsmöglichkeiten dieses Finanzierungsinstrumentes für die Finanzierung von erneuerbaren Energien begrenzt: Die Projekte benötigen oft so hohe Kapitalvolumina, dass sie die Belastungshürde von Unternehmen übersteigen würden, sofern diese in ihren Bilanzen erscheinen (Bilanzverlängerung).[299] Da die Finanzierung von großen Projekten „on balance sheet" für potentielle Finanziers oft als nicht realisierbar bzw. nicht adäquat angesehen wird, suchen sie eine maßgeschneiderte Finanzierungsstruktur, mithin eine Projektfinanzierung.[300]

Die zweite Form der Finanzierung – die *Projektfinanzierung* – stellt einen alternativen Mechanismus zur Unternehmensfinanzierung dar. Sie findet ihre Anwendung bei großen Projekten mit hohen Finanzierungsvolumina.[301]

Die zentralen Strukturelemente einer Projektfinanzierung sind zum einen die Orientierung am zukünftigen Cashflow[302] und zum anderen die Aufteilung von Risiken auf die Projektbeteiligten[303] (das sog. Risk-Sharing). Im Gegensatz zu einer klassischen Kreditfinanzierung ist das Finanzierungsobjekt ein Vorhaben, welches Cashflow erwirtschaften soll, und nicht ein anhand vergangener Leistungen beurteiltes Unternehmen.[304] Die Grundidee einer Projektfinanzierung ist die eigene Tragfähigkeit eines Vorhabens. Das heißt, ein Projekt muss „ein geschlossener, in sich wirtschaftlich, technisch und rechtlich tragfähiger Kreis"[305] sein, der den

---

[296] Vgl. Justice (2009), S. 4.
[297] Vgl. Guthardt (1998), S. 37 ff.
[298] Vgl. Justice (2009), S. 3 f.
[299] Vgl. Böttcher (2006), S. 3, 6.
[300] Vgl. Lindlein/Mostert (2005), S. 21 f.
[301] Vgl. Lindlein/Mostert (2005), S. 9.
[302] Vgl. Funk (1988), S. 423 ff.; Nevitt/Fabozzi (2000), S. 1.
[303] Jeder Projektbeteiligter soll dabei diejenigen Risiken tragen, die in seinem Verantwortungsbereich liegen. Vgl. HypoVereinsbank (2005), S. 15.
[304] Vgl. Crundwell (2008), S. 531.
[305] Böttcher (2006), S. 2.

Eigenkapitalinvestoren eine attraktive Rendite und den Gläubigern die Sicherheit für die Rückzahlung des eingesetzten Kapitals in Form von Zinsen und Tilgung in Aussicht stellt.[306]

Für die Durchführung eines Projektes wird eine Projektgesellschaft[307] gegründet – eine rechtlich selbständige und kreditfähige Einheit, die gegenüber Banken als ein eigenständiger Kreditnehmer auftritt.[308] Initiatoren eines Projektes werden Projektträger genannt. Projektträger können große Privatunternehmen, Regierungen und Staatsorganisationen sowie internationale Entwicklungsorganisationen sein. Sie planen und realisieren das Projekt, wobei sie sich am Eigenkapital der Zweckgesellschaft beteiligen müssen.[309]

Bei einer Projektfinanzierung sind meistens mehrere Finanzorganisationen involviert.[310] Das Kapital kommt von sog. Sponsoren (Eigenkapitalgebern und Projektträgern), Fremdkapitalgebern (Banken und Entwicklungsbanken) und Garanten (siehe Abb. 1).[311]

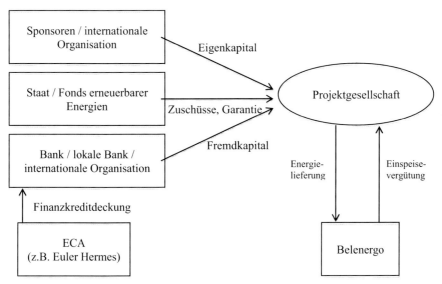

Abbildung 1. Beispiel einer Projektfinanzierung in Belarus[312]

---

[306] Vgl. Böttcher (2006), S. 2.
[307] Auch Zweckgesellschaft genannt. Vgl. HypoVereinsbank (2005), S. 15.
[308] Vgl. Przybilla (2008), S. 56.
[309] Vgl. Funk (1988), S. 423 ff.
[310] Vgl. Lindlein/Mostert (2005), S. 21 f.
[311] Zu den weiteren Beteiligten einer Projektfinanzierung gehören u.a. die Projektersteller und Projektbetreiber. Vgl. HypoVereinsbank (2005), S. 15.
[312] Eigene Darstellung.

Ein repräsentatives Beispiel für eine Projektfinanzierung liefert das Vorhaben des deutschen Energieunternehmens Enertrag AG für den Bau eines Windparks in Belarus. Dieses sieht eine Errichtung von 80 Windkraftanlagen (WKA) mit einer Gesamtleistung von 160 MW[313] vor, wobei das jährliche Potential des Windparks 170 Mio. kWh betragen soll. Laut dem Investitionsvertrag aus dem Jahr 2010 zwischen dem strategischen Investor Enertrag AG und der belarussischen Regierung soll die Projektrealisierung bis 2014 in zwei Phasen erfolgen: Die ersten 33 WKA mit einer Gesamtleistung von 80 MW sollen schon im Sommer 2012 in Betrieb genommen werden. Das Investitionsvolumen des Projektes beträgt 360 Mio. €. Dies wird eine der größten Auslandsdirektinvestitionen von der Enertrag sein.[314] Nach Angaben des Unternehmens hat sich die belarussische Regierung vertraglich in einem bilateralen Investitionsabkommen zur Abnahme des produzierten Stroms verpflichtet, und dies zu einem festgelegten Tarif in Euro-Währung sowie für einen Zeitraum von 20 Jahren.[315]

Auch *Crundwell* (2008) definiert eine Projektfinanzierung als „the arrangement of debt and equity financing for a business opportunity that can be separated from the other business activities of the company"[316]. Dank dieser Separation werden Projektkredite in der Bilanz einer Projektgesellschaft (die sog. Finanzierung „off balance sheet"[317]) ausgewiesen.[318] Dies ermöglicht, negative Auswirkungen auf die Kreditwürdigkeit eines Projektträgers als unabhängigen Eigentümers zu vermeiden, wenn ein Projekt scheitert.[319] Außerdem sind die Finanzierungsbedingungen einer Projektgesellschaft meistens günstiger, wodurch eine Projektgesellschaft deutlich mehr Fremdkapital als ein Projektträger selber erhalten kann.[320] Dies lässt sich durch das Synergiepotential erreichen, das darin liegt, dass die Kreditwürdigkeit der einzelnen Projektpartner getrennt betrachtet niedriger ist als die Kreditwürdigkeit eines Partnerbündnisses.[321]

---

[313] Zum Vergleich: 2009 betrug die Gesamtkapazität der Windanlagen in Belarus nur 1,9 MW (vgl. Kap. 2.1.3).
[314] Vgl. Müller (2011).
[315] In Anlehnung an das Interview mit der Enertrag AG vom 03.12.2010.
[316] Vgl. Crundwell (2008), S. 531.
[317] Vgl. Süchting (1988), S. 156.
[318] Eine Beteiligung am Eigenkapital einer Projektgesellschaft wird in der Bilanz eines Projektträgers als Beteiligung an anderen Unternehmen ausgewiesen. Eine Finanzierung „off balance sheet" ist prinzipiell dann möglich, wenn „keiner der Projektträger mehr als 50 % am Eigenkapital der Projektgesellschaft hält". Böttcher (2006), S. 9 f.
[319] Dadurch, dass die Bilanzaktiva einer Projektgesellschaft und eines Projektträgers voneinander getrennt sind, ist „kein Rückgriffsrecht auf den Eigentümer bzw. das Unternehmen selbst" möglich. Madlener/Michelsen (2008), S. 3.
[320] Deshalb kann der Initiator eines Projektes die Kapitalstruktur den jeweiligen Bedingungen besser anpassen. Vgl. Madlener/Michelsen (2008), S. 3.
[321] Vgl. Funk (1988), S. 423 ff.

Nachteilig gegenüber einer Kreditbeschaffung „on balance sheet" ist dabei die Komplexität von Kreditvereinbarungen, weshalb hier die Transaktionskosten[322] deutlich höher sind.[323] Das hängt damit zusammen, dass es für eine strukturierte Finanzierung solcher Projekte kein „standard lending arragement" gibt, vielmehr wird sie den spezifischen Bedürfnissen von Kunden angepasst. Somit ist eine Finanzierung „off balance sheet" durch hohe Rechtsberatungsgebühren und Fremdkapitalkosten sowie durch eine größere Zahl von Kreditnutzungsbeschränkungen und als Folge davon durch einen höheren Zeitaufwand[324] für ihre komplexe Struktur gekennzeichnet.[325]

Bei einer Projektfinanzierung im Bereich erneuerbare Energien insbesondere in Entwicklungs- und Schwellenländern kommt oft dem Staat und der Regierung des Gastlandes eine Schlüsselrolle zu, die für Genehmigungen und Konzessionsvergaben bei Energieprojekten zuständig sind. Sie fördern Projekte, indem sie Transfer- und Kreditgarantien übernehmen oder die notwendige Infrastruktur schaffen. Außerdem können sie als Projektträger mit einer Kapitalbeteiligung am Projekt selbst fungieren. Dazu sind sie am Erfolg eines Projektes durch Konzessions- und Steuereinnahmen beteiligt.[326]

Bei einer Projektfinanzierung wird oft *Mezzanine-Kapital* „als Teil einer Structured-Finance-Strategie"[327] anstelle von Eigenkapital (beispielsweise in Form eines nachrangigen Darlehens) verwendet. Bilanziell wird Mezzanine auf der Passivseite der Bilanz zwischen Fremdkapital und Eigenkapital ausgewiesen, das heißt, Mezzanine-Kapitalgeber können ihre Rückzahlungsansprüche erst nach den Gläubigern geltend machen.[328] Mezzanine-Kapital, das üblicherweise durch Banken oder Finanzinstitutionen bereitgestellt wird, ist für den Kapitalnehmer teurer als ein Kredit[329] und hat oft eine kürzere Laufzeit. Ein Projekt im Bereich erneuerbarer Energien kann eine Mezzanine-Finanzierung als ein zusätzliches Instrument einsetzen, wenn es nur ungenügend Fremdkapital in Form von Krediten akquirieren konnte: Dies ist

---

[322] Transaktionskosten schließen nicht nur Provisionen, Gebühren und Spesen, sondern auch Informationskosten ein. Vgl. Busse (2003), S. 528.
[323] Vgl. Crundwell (2008), S. 531.
[324] Investitionen in Projekte zum Ausbau von erneuerbaren Energien sind meistens sehr kapitalintensiv und langfristig. Aus diesem Grund können syndizierte Kredite als eine Finanzierungsform solcher Projekte eingesetzt werden. Eine Bank arrangiert als Konsortialführerin weitere Kreditinstitute, um ein Projekt zu finanzieren, wenn sie alleine nicht in der Lage ist, erforderliche Kreditlinien für den gesamten Projektzeitraum zur Verfügung zu stellen. Für das Arrangement bekommt die Bank eine Provisionszahlung. Vgl. Justice (2009), S. 24.
[325] Vgl. Lindlein/Mostert (2005), S. 22.
[326] Vgl. Funk (1988), S. 424 ff.
[327] Busse (2003), S. 252.
[328] Vgl. Jokisch/Mayer (2002), S. 59.
[329] Beispiel für Kapitalkosten des Mezzanine-Kapitals im Vergleich zu einem Bankkredit jeweils: LIBOR + 700 bps vs. LIBOR + 300 bps (6/2009). Vgl. EBRD (2010).

kostengünstiger, als zusätzliches Eigenkapital aufnehmen zu müssen. Dabei ist es möglich, die Gesamtkapitalkosten zu senken und als Folge die Rentabilität eines Projektes zu steigern.[330] Allerdings ist eine Projektdurchführung im Bereich erneuerbarer Energien in Belarus mit relativ hohen Risiken verbunden (vgl. Kap. 2.3), weshalb Mezzanine-Finanzierungen für Projektinitiatoren „zu teuer"[331] sein können. In kurz- bis mittelfristiger Perspektive wird sich diese Situation wahrscheinlich nicht ändern.

Eine Form der Projektfinanzierung (meistens für die Finanzierung von Infrastrukturprojekten) ist die *Public Private Partnership* (PPP). Unter PPP wird eine Interaktion zwischen öffentlicher Hand und Privatsektor verstanden, die auf das Erreichen gemeinsamer Ziele ausgerichtet ist, die sowohl sozialen als auch kommerziellen Charakter haben, wobei Synergiepotentiale ausgeschöpft werden sollen.[332] PPP kann ein wichtiges Instrument für die Entwicklung von Finanzierungsstrukturen für Projekte im Bereich regenerativer Energien in Belarus sein. Das hängt damit zusammen, dass der Staat eine wichtige Rolle bei der Bereitstellung von Garantien sowie der Schaffung von rechtlichen und steuerlichen Rahmenbedingungen spielt, wobei der Privatsektor für die finanzielle Seite sorgt und die Projekte realisiert.[333]

PPP hat viele verschiedene Formen, wobei die meistverbreiteten BOT (Build Operate Transfer), BOO (Build Own Operate) oder Joint Ventures u.a. sind.[334] Die belarussische Regierung wirbt gegenwärtig aktiv um private Investitionen und insbesondere um Auslandsdirektinvestitionen für Infrastruktur- und Erneuerbare-Energien-Projekte. Es werden alle oben genannten Formen der Partizipation von ausländischen Investoren an gemeinsamen Projekten zum Ausbau von erneuerbaren Energien in Betracht gezogen. Vor diesem Hintergrund sind die zuständigen Behörden angewiesen, die rechtlichen Rahmenbedingungen für die Förderung von PPPs und deren Attraktivität für private Investoren zu schaffen.[335] Trotz einiger Fortschritte im Gesetzgebungsbereich werden PPP bis dato in der Praxis kaum eingesetzt.[336] Jedoch gibt es einige Projektvorhaben im Bereich PPP. Private Partner dieser Vorhaben sind das österreichische Unternehmen Strabag SE und die irländische Greenfeeld Project Management AG.

---

[330] Vgl. Müller-Känel (2009), S. 303 ff.
[331] In Anlehnung an das Interview mit der Enertrag AG vom 03.12.2010.
[332] Vgl. Budäus/Grüning (1997), S. 50.
[333] Vgl. Bouhia (2009), S. 102 f.
[334] Ein BOT-Kontrakt impliziert eine Finanzierung, Design, Bau und Betrieb des Objektes durch den Privatsektor, wobei die Kontrollbefugnis sowie das Eigentum beim Staat bleiben. Im Gegensatz dazu bleiben bei BOO-Kontrakten Kontrolle und Besitz in privater Hand. Bei Joint Ventures finanzieren, besitzen und betreiben der private und der öffentliche Sektor das Objekt gemeinsam. Vgl. Grimsey/Lewis (2004), S. 10 ff.
[335] Vgl. UNCTAD (2009), S. 19.
[336] Vgl. Glambotskaya/Rakova/Skriba (2010), S. 45.

Das österreichische Bauunternehmen Strabag hat 2009 ein Pilotprojekt, dessen Auftragswert bei 70 Mio. € liegt, zum Bau einer Kläranlage zur Biogaserzeugung bei der Stadt Brest begonnen. Damit sollen jährlich 370.000 m^3 Klärschlamm verarbeitet und in thermische und elektrische Energie umgewandelt werden. Nunmehr soll ein belarussisch-österreichisches Joint Venture für ein weiteres Projekt zur Müllverarbeitung gegründet werden. Nach den Angaben des Wirtschaftsblatts soll die Stabag SE nach dem Willen des Präsidenten Lukaschenko sowohl den Bau entsprechender Anlagen als auch die Müllverarbeitung durchführen.[337] Die dadurch entstehende mechanisch-biologische Abfallbehandlungsanlage soll jährlich 100.000 t Haushaltsabfälle verarbeiten. Es ist außerdem seitens der belarussischen Regierung geplant, nach der Gründung eines Joint Ventures „solche Anlagen in allen Gebietshauptstädten und in Minsk zu bauen"[338].

Ein Beispiel einer weniger erfolgreichen Zusammenarbeit stellt ein weiteres Projekt dar. Im Jahr 2007 haben die Greenfield Project Management AG (Irland) und der staatliche belarussische Konzern Belbiopharm ein Joint Venture im Rahmen einen Public Private Partnership gegründet. Der Zweck des Projektes waren Bioethanolproduktion, -verkauf und -distribution auf europäischen und anderen Märkten sowie die Biogasproduktion für die Stromerzeugung. Die Beteiligung des belarussischen Staates lag bei 20 %. Das Projekt sollte im Rahmen des Programms zur Dekontamination von mit Radionukliden verseuchtem Boden in Belarus stattfinden (vgl. Kap. 2.1.3). Es sollte dabei eine der größten Bioethanolproduktionsstätten in Europa entstehen mit einer Kapazität von insgesamt 650.000 m^3 pro Jahr.[339] Die Finanzierung des Projektes sollte hauptsächlich durch die niederländische Bank ABN Amro und Private-Equity-Investoren[340] erfolgen. Jedoch wurde die ABN Amro von der Finanzkrise eingeholt und der Zugang zu Private Equity wurde 2009 aus demselben Grund enorm erschwert. Greenfield hat nach strategischen Investoren gesucht. Nach Angaben der Irish Press Release 2010 „haben fast alle Manager die Greenfield Project Management AG nach fünf erfolglosen Jahren verlassen"[341]. Dieses Beispiel deutet darauf hin, dass das Potential insbesondere für ausländische Investoren für die Finanzierung von Objekten zur Bioenergieproduktion in Belarus noch lange nicht erschöpft ist.

---

[337] Vgl. Ballin (2010).
[338] OWC/Belarus Aktuell (2010), S. 4.
[339] Vgl. o.V. (2007).
[340] Im Jahr 2008 hat sich das deutsche Unternehmen PvT Capital GmbH mit ca. 250 Mio. € an der Greenfield Project Management AG beteiligt. Der Projektgewinn sollte nach Angaben der Belarussian Telegraph Agency jährlich ca. 350 Mio. € betragen. Vgl. o.V. (2007).
[341] Vgl. Irish Press Releases (2010), S. 1.

3.2.2 Kredite internationaler Organisationen

Schwellenländer und darunter Belarus leiden oft unter Kapitalmangel für die Finanzierung von solchen Projekten wie zur Energieerzeugung aus erneuerbaren Energien. Deshalb stellen Programme internationaler Organisationen[342] sowie der Joint Implementation Mechanism (JI) des Kyoto-Protokolls zusätzliche Finanzierungsalternativen dar.[343]

Die internationalen Organisationen wie bilaterale und multilaterale Entwicklungsbanken stellen vergünstigte Kredite bereit, entweder direkt für das Projekt als Kofinanzierer oder den finanzierenden Banken durch die Bereitstellung von Kreditlinien.[344] Sie haben das gemeinsame Ziel, „durch Beratung und finanzielle Hilfe die wirtschaftlichen Bedingungen in bestimmten Zielländern zu verbessern"[345]. Der Fokus liegt dabei auf der Finanzierung von Infrastrukturprojekten wie beispielsweise Investitionen in Anlagen zur Energieerzeugung aus regenerativen Energiequellen.[346] Dabei verfügen internationale Organisationen über große Erfahrung bei der Finanzierung von Projekten zur Energieerzeugung aus erneuerbaren Energiequellen insbesondere in Schwellen- und Entwicklungsländern, was sich positiv auf deren Projektrealisierungspotential auswirkt.

So ist die *Globale Umweltfazilität* (GEF) eine der internationalen Finanzorganisationen, die durch die Bereitstellung von Finanzmitteln für Umweltschutzprojekte in Entwicklungsländern die Generierung globalen ökologischen Nutzens anstrebt. Die GEF setzt selber keine Projekte um, sondern agiert als Katalysator der Projektumsetzung: Durch ihre Kreditzusage schafft die GEF Anreize für private und öffentliche Kofinanzierungen. Die projektrealisierenden Organisationen der GEF sind u.a. die Weltbank und die Vereinten Nationen (UNDP), auf die im Folgenden näher eingegangen wird.[347]

Die Internationale Bank für Wiederaufbau und Entwicklung (IBRD), die zu der Weltbankgruppe gehört, bzw. die *Weltbank* i.e.S. ist eine multilaterale Organisation, deren Ziel u.a. die Förderung der Wirtschaftsentwicklung in Transformationsländern ist.[348] Dabei vergibt die Organisation langfristige Darlehen zu günstigen Konditionen für die Finanzierung von Inves-

---

[342] Die bedeutendsten potentiellen (Ko-)Finanzierungspartnern im Bereich erneuerbarer Energien in Belarus zählen internationale Organisationen wie die GEF, die Weltbank, die Vereinten Nationen und die EBRD. Der Focus liegt im Rahmen dieser Studie daher auf den genannten Organisationen.
[343] Vgl. Madlener/Michelsen (2008), S. 162.
[344] Vgl. Justice (2009), S. 19 ff.
[345] Funk (1988), S. 408.
[346] Vgl. Funk (1988), S. 408ff.
[347] Vgl. Broughton (2009), S. 15.
[348] Vgl. Pease (2003), S. 181 ff.

titionsprojekten in Umwelt-, Energieeffizienz- und Infrastrukturbereichen. Die Kreditvergabe zu günstigeren Konditionen ist oft mit sektoralen Veränderungen verbunden. Das Ziel ist dabei, Reformprogramme in Richtung Marktliberalisierung in den Transformationsländern zu initiieren.[349] Außerdem bietet die Weltbank eine Teilrisikoübernahme für ausländische Investoren:[350] Im Bezug auf erneuerbare Energien schafft die Absicherung gegen politische Risiken durch die Weltbank den Zugang zu Finanzierungen zu besseren Bedingungen.[351]

So hat beispielsweise die Weltbank Mitte vergangenen Jahres Belarus ein Darlehen für das Projekt der integrierten Abfallwirtschaft über 42,5 Mio. US-$ gewährt. Die belarussische Regierung hat sich an dem Projekt mit 27 Mio. US-$ beteiligt und die GEF mit 5,5 Mio. US-$. Ziele des Projektes sind u.a. die Erhöhung der ökologischen Vorteile integrierter Abfallwirtschaft durch die Rückgewinnung und Wiederverwendung von Wertstoffen sowie die Reduktion der ökologischen und gesundheitlichen Risiken, die durch die Freisetzung von langlebigen organischen Schadstoffen aus einer Mülldeponie entstehen. Das Projekt dient der Erfüllung der internationalen Verpflichtungen von Belarus auf dem Gebiet des Umweltschutzes und kommunaler Abfallwirtschaftsprogramme.[352]

Eine weitere Organisation der Weltbankgruppe – die *Internationale Finanz-Corporation* (IFC) –hat die Rolle eines Katalysators für private Investitionen in Entwicklungsländern inne.[353] Zu den Produkten der IFC bei der Kofinanzierung von Projekten im Bereich erneuerbarer Energien gehören eine langfristige Finanzierung u.a. durch Beteiligung am Eigenkapital[354] sowie Beratungsdienstleistungen.[355] Derzeit liegen keine Projekte im Bereich regenerativer Energien in Belarus unter Teilnahme der IFC vor. In Zukunft kann diese Organisation jedoch eine wichtige Rolle spielen.[356]

Im Rahmen des *Entwicklungsprogramms der Vereinten Nationen* (UNDP)[357] wurde im Jahr 2003 das Projekt „Belarus – Energie der Biomasse für die Wärme- und Warmwasserversor-

---

[349] Vgl. Zachmann/Zaborovsky (2009), S. 8 ff.
[350] Die wichtigsten durch die Garantie abgedeckten Risiken sind Vertragsbruch, Verfügbarkeit und die Konvertierbarkeit von Devisen, Gesetzänderungen sowie Enteignung und Verstaatlichung. Für die Garantieübernahme erhebt die Weltbank eine Stand-by-Gebühr, eine Garantiegebühr und eine Front-End-Gebühr. Vgl. Lindlein/Mostert (2005), S. 30.
[351] Vgl. Lindlein/Mostert (2005), S. 30 ff.
[352] Vgl. The World Bank, Program Snapshot Belarus.
[353] Vgl. Pease (2003), S. 182; IFC (2010a), S. 9 ff.
[354] Dabei muss die Gesamtfinanzierung der IFC (für die eigene Rechnung) weniger als 25 % der gesamten Kapitalausstattung eines Unternehmens betragen. Vgl. IFC (2010b), S. 8 f.
[355] Vgl. IFC (2010b), S. 5; IFC (2010a), S. 9.
[356] Vgl. UNECE (2009), S. 22.
[357] Vgl. Pease (2003), S. 189 f.; Volker (2007), S. 189 ff.

gung" gestartet. Die Projektkosten sollten sich auf 9 Mio. US-$ belaufen, die tatsächlichen Endinvestitionen waren aber fast doppelt so hoch – 17,6 Mio. US-$. Dieses Projekt mit der Laufzeit von vier Jahren wurde von der Wirtschaftskommission für Europa der Vereinten Nationen (UNECE) initiiert. Die Finanzierung resultierte aus Investitionen des GEF Trust Fund[358] (3,4 Mio. US-$), des Staatlichen Komitees der Energieeffizienz (5 Mio. US-$) und der Betreiber von Kesselhäusern (9,2 Mio. US-$, obwohl für sie ursprünglich nur 3,4 Mio. US-$ geplant waren). Das Projekt verfolgte mehrere Ziele. Erstens sollten Kesselhäuser mit einer Gesamtleistung von 38.000 t pro Jahr zu KWK-Anlagen auf Biomassebasis umgebaut bzw. mit Pelletkesseln nachgerüstet werden. Zweitens wurde für die Entwicklung weiterer Projekte im Bereich erneuerbarer Energien in Belarus ein Darlehensfonds (siehe Kap. 3.3) gegründet. Drittens diente das Projekt u.a. dem Zweck der Ausbildung von Facharbeitern im Biomassenutzungsbereich. Das Hauptziel des Programms war jedoch die Entwicklung von Mechanismen für die Finanzierung von Projekten der Nutzung von erneuerbaren Energien, was vor dem Hintergrund der Staatsbesitzquote von über 65 % (vgl. Kap. 2.1.1) eine Herausforderung darstellte.[359]

Die wichtigsten Finanzierungsinstrumente der *Europäischen Bank für Wiederaufbau und Entwicklung* (EBRD) sind Darlehen, Garantien sowie Kapitalbeteiligungen an Projekten. Der Fokus dieser internationalen Organisation liegt auf Projekten zur Energieeffizienzsteigerung und dem Ausbau von regenerativen Energien in Transformationsländern.[360] Ihr Finanzierungsmechanismus besteht in der Vergabe langfristiger Kreditlinien an lokale Banken, die am Programm der EBRD teilnehmen. Jede Kreditlinie dient ausschließlich dem Zweck der Kreditvergabe, wie der Umsetzung von Projekten im Bereich erneuerbarer Energien. Lokale Banken benutzen Kreditlinien für die Vergabe von standardisierten kommerziellen Krediten an Kunden für Projekte, welche die Anforderungen des Programms erfüllen. Dabei tragen die Banken die mit der Kreditvergabe verbundenen Risiken. Die EBRD begleitet die Kreditvergabe mit einer umfangreichen technischen Betreuung und betraut lokale Banken mit Investitionsmöglichkeiten in nachhaltige Energie (siehe Abb. 2). Außerdem berät die Organisation potentielle Kreditnehmer bei der Vorbereitung von Kreditanträgen. Somit verbindet der

---

[358] Vgl. GEF (2003).
[359] Vgl. Volger (2007), S. 189 ff.; dena (2009), S. 44 ff.
[360] EBRD ist eine internationale Finanzinstitution, die durch die Finanzierung von Projekten in Mittel- und Osteuropäischen sowie GUS-Ländern deren Transformationsprozess Richtung Marktwirtschaft forciert. Vgl. Fischer (1992), S. 227.

Finanzierungsmechanismus der EBRD technische mit finanzieller Unterstützung und involviert dabei den lokalen Finanzsektor, was Investitionen in erneuerbare Energien anregt.[361]

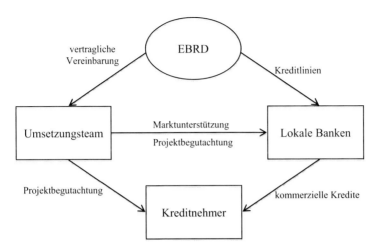

Abbildung 2. Finanzierungsmechanismus der EBRD[362]

Es gibt viele Beispiele der Finanzierung von Projekten zur Energieeffizienzsteigerung und zum Ausbau von erneuerbaren Energien durch die EBRD in Russland, Bulgarien, Kasachstan, Moldau, der Ukraine und weiteren osteuropäischen Ländern. Für Belarus hat die Organisation 2009 eine neue Strategie gewählt, die neben der Förderung des Privatsektors (insbesondere kleiner und mittelständischer Unternehmen) auf die Verwirklichung potentieller Projekte mit staatlichen Organisationen zielt, u.a. im Energiebereich.[363]

Potential für eine zusätzliche Kofinanzierungsquelle für Projekte im Bereich erneuerbarer Energien in Belarus bietet *Carbon Finance*.[364] Hierbei handelt es sich um einen Markt für handelbare Zertifikate, die zur Treibhausgasemission berechtigen.[365] Jedes Zertifikat entspricht dabei einer Tonne CO_2. Dieser Markt wurde 1997 durch das Kyoto-Protokoll der Klimarahmenkonvention der Vereinten Nationen (UNFCCC) geschaffen.[366] Aufgrund eines festgelegten Minderungsziels – den CO_2-Ausstoß bis 2012 um 5,2 % zum Referenzjahr 1990 zu

---

[361] Vgl. Woyke, S. 27 ff.; EBRD (2011).
[362] Vgl. EBRD (2011), eigene Darstellung.
[363] Vgl. EBRD (2010).
[364] Vgl. Kossoy/Ambrosi (2010), S. 56 ff.
[365] Vgl. Donges/Freytag (2004), S. 184 ff.
[366] Vgl. UNFCCC (2008), S. 12 ff.

zu verringern – wurde jedem Land eine bestimmte Anzahl an Zertifikaten zugeteilt, die an die Unternehmen, die für hohe Umweltverschmutzung verantwortlich sind, verteilt werden.[367]

Das Kyoto-Protokoll bietet folgende flexible marktbasierte Mechanismen: Emissionshandel, Clean Development Mechanism (CDM) sowie Joint Implementation (JI). Emissionshandel erlaubt den Unternehmen, die einen Teil der ihnen zugeteilten Emissionseinheiten eingespart haben, den Überschuss an Zertifikaten an andere Unternehmen zu verkaufen, die mit ihren CO_2-Emissionen ihre Ziele überschreiten. Clean Development Mechanism kommt bei der Finanzierung von Projekten in Entwicklungsländern, Joint Implementation vor allem in Industrieländern zum Tragen.[368] Die Anwendung solcher Mechanismen erfordert für die teilnehmenden Länder den erfolgreichen Abschluss eines Zulassungsprozesses gemäß Kyoto-Protokoll. Darüber hinaus muss die angewandte Technologie emissionsmindernd wirken. Das heißt, Emissionen, die während der Laufzeit eines solchen Projektes entstehen, werden mit Emissionen verglichen, die „bei der Verwendung konventioneller Technologien entsprechend dem Landesstandard" (genannt Baseline Scenario) entstehen würden. Für die erzielte Differenz bekommen Eigentümer von effizienten Anlagen eine entsprechende Anzahl an Zertifikaten, die sie zusätzlich zur Finanzierung dieses Projektes verwenden können. Die Struktur der Einbindung von Zertifikaten in die Finanzierung wird hier am Beispiel eines Bestellkredites dargestellt (siehe Abb. 3).[369]

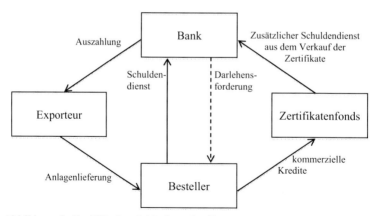

Abbildung 3. Zertifikateneinbindung in die Finanzierung mit einem Bestellkredit[370]

---

[367] Vgl. Langner, Class (2009), S. 6 ff.
[368] Vgl. Kyoto Protocol to the UNFCCC (1998), Art. 6, 12, 17.
[369] Vgl. Langner, Class (2009), S. 6 ff.
[370] Langner, Class (2009), S. 7, eigene Darstellung.

Die Kyoto-Mechanismen fördern sog. Socially Responsible Investing (SRI)[371] und ermöglichen den Parteien, ihren Verpflichtungen auf kosteneffiziente Weise nachzukommen: Wenn die Grenzkosten der Ausstoßvermeidung höher sind als der Preis eines Zertifikates bzw. als die durchschnittlichen Grenzkosten der Ausstoßvermeidung, ist es kosteneffizienter Zertifikate zu erwerben. Eine Projektdurchführung im Ausland ist oft kostengünstiger aufgrund der steigenden Grenzkosten von Emissionsreduktionsmaßnahmen im Heimatland.[372]

Die deutsche Technologie zur Energieproduktion aus erneuerbaren Quellen liefert ein gutes Beispiel für die Emissionsreduktion von Schadstoffen und eignet sich somit zur Anwendung von CDM- und JI-Projekten. Es liegt dabei ein sog. Doppelgewinn-Effekt vor, bei dem beide Parteien einen Nutzen aus einer Transaktion ziehen können: Einerseits erhält das investierende Land zusätzliche Emissionszertifikate, anderseits profitiert ein Gastland wie Belarus von ausländischen Investitionen und Technologietransfer.[373]

Belarus besitzt ein signifikantes Potential zur Implementierung von Projekten im Rahmen von JI (KWK- und Biogasanlagen und Abfallverwertung u.a.). Es werden derzeit die erforderlichen Rechtsakte und Verordnungen für das Kyoto-Protokoll verabschiedet und nationale Umsetzungsinstitutionen etabliert. Einige Projekte wurden schon im Rahmen eines freiwilligen Emissionshandels umgesetzt. Allerdings sind noch nicht alle Kriterien des Kyoto-Protokolls erfüllt, weshalb Belarus an dem oben genannten Programm nicht teilnehmen darf. Sollte jedoch in Zukunft die Ratifizierung stattfinden, können die durch den Handel mit Emissionszertifikaten erwirtschafteten Mittel für den Ausbau von regenerativen Energiequellen eingesetzt werden.[374]

3.3 Subventionsfinanzierung

Die Technologien zur Nutzung von regenerativen Energiequellen sind trotz ihrer positiven Aspekte im Bezug auf die Schonung der Umwelt ohne staatliche Förderung (noch) nicht

---

[371] Socially Responsible Investing bedeutet eine Investitionsentscheidung auf der Grundlage von finanzieller und gleichzeitig sozialer Leistung. Vgl. Hutton/D'Antonio/Johnsen (1998) S. 352.
[372] Vgl. Langner (2009), S. 4.
[373] Vgl. Matsuo (2003), S. 197.
[374] UNECE (2010b), S. 40.

wettbewerbsfähig.[375] Das liegt an den hohen Stromgestehungskosten[376] der Energieproduktion aus erneuerbaren Quellen im Vergleich zu konventionellen Ressourcen.[377]

Durch die Bereitstellung geeigneter finanzieller Anreize und den intensivierten Ausbau der Infrastruktur (um Zuverlässigkeit, Qualität und Effizienz zu gewährleisten) kann der Staat die Implementierung von umweltfreundlichen Technologien stark unterstützen.[378] Damit die Projekte zur Erzeugung sauberer Energie für Investoren an Attraktivität gewinnen, sind einige Subventionsformen[379] als Instrumente staatlicher Fiskalpolitik notwendig. Das sind an erster Stelle Zuschüsse in Form eines erhöhten Feed-in-Tarifs bzw. einer Einspeisevergütung, ferner Abnahmeverpflichtungen für Ökostrom sowie steuerliche Anreize.[380]

Es wird zwischen direkten und indirekten Subventionen differenziert. Als direkte Subventionen werden Zuflüsse von Finanzmitteln in Unternehmen von außen bezeichnet, wobei keine Rückzahlungsverpflichtung besteht. Darüber hinaus haben die Förderer keinen Einfluss auf die Unternehmenstätigkeit[381] und sind nicht an der Organisation des Projektes beteiligt. Zu den direkten Subventionen gehören Investitionszuschüsse (grants) oder Kredite zu begünstigten Konditionen (soft loans), wobei der Subventionswert hier die Zinsdifferenz zu einem Marktkredit gleicher Laufzeit ist. Überdies führt die Beihilfe des Staates zu einer Finanzstatusverbesserung des Unternehmens.[382] Ein Beispiel für direkte Subventionen liefert ein 3 Mio. US-$ schwerer Darlehensfonds, der im Jahr 2005 in Belarus zum Zweck der Förderung von Projekten zur Biomassenutzung geschaffen wurde. Die Finanzierung des Fonds erfolgte durch Einlagen des GEF und des Staatlichen Komitees für Energieeffizienz. Die Förderung in Form der Gewährung von zinsgünstigeren Darlehen (Revolving Fund Loan) ermöglicht die Finanzierung von Privatunternehmen wie auch Staatsprogramme und wird für die Durchführung von Projekten zur Ersetzung fossiler durch erneuerbare Energieressourcen bereitgestellt (siehe Tab. 1).[383]

---

[375] Vgl. Justice (2009), S. 13 f.
[376] Die Stromgestehungskosten sind „die gesamten Kosten der Stromerzeugung eines Kraftwerkes […], also Investitionen, Rohstoffe, Betrieb und zumindest ein Teil der externen Kosten". ISET (2006), S. 3.
[377] Vgl. Suck (2008), S. 21 ff.
[378] Vgl. Liming (2008), S. 1097 f.
[379] Im Allgemeinen sind „Subventionen […] geldliche und geldwerte Vorteile, die der Staat bestimmten Zielgruppen ohne konkrete Gegenleistung und in der Regel auch ohne Rückzahlungsverpflichtung gewährt." Kortmann (2004), S. 462.
[380] Vgl. Justice (2009), S. 13 f.
[381] Vgl. Busse (2003), S. 656.
[382] Vgl. Schlecht, S. 833 ff.; Busse (2003), S. 656.
[383] Vgl. dena (2009), S. 44 ff.; Bouhia (2009), S. 103ff.

	Darlehensfonds	belarussische Banken
Verzinsung auf Darlehen in US-$	3 bis 6 %	10 bis 11 %
Verzinsung auf Darlehen in BYR	7,5 %	12 bis 15 %
Tilgungsfreie Zeit (Grace Period)	bis zu einem Jahr	Verhandlungsbasis

Tabelle 1. Kreditkonditionen des Darlehensfonds und belarussischer Geschäftsbanken im Vergleich[384]

Indirekte Subventionen sind durch finanzielle Einsparungen charakterisiert. Das sind beispielsweise Subventionen mittels staatlicher Marktregulierung oder durch die Bereitstellung von Garantien oder Bürgschaften[385] durch den Staat sowie Steuer- bzw. Abgabenermäßigungen.[386] Direkte Subventionen gewährt der Staat in Einzelfällen, indirekte Subventionen durch das Schaffen von Gesetzen und Verordnungen.[387]

Anderseits stellen Subventionen „einen staatlichen Eingriff in das Wirtschaftsgeschehen"[388] dar. Bei diesem Eingriff werden oft Marktmechanismen gestört, was zu Ressourcenfehlallokationen und Wettbewerbsverzerrungen führen kann.[389] Deshalb darf der Staat dieses Instrument nur einsetzen, wenn der Markt seine Funktion – eine pareto-optimale Allokation der Ressourcen[390] – nicht erfüllen kann und die Staatseingriffe für die Verbesserung der nicht optimalen Marktkonstellation annehmbar sind.[391] Die neoklassische Theorie erklärt den Eingriff des Staates in das Wirtschaftsgeschehen mit der Anwesenheit öffentlicher Güter als einem „Extremfall positiver externer Effekte"[392]. Dabei weist die Markteinführung von Technologien im Bereich erneuerbarer Energien den Charakter eines öffentlichen Gutes „Klimaschutz" auf.[393] Dieses Phänomen soll nun kurz erläutert werden.

---

[384] Vgl. Shenets, S. 11.
[385] Vgl. Funk (1988), S. 424 ff.
[386] Vgl. Busse (2003), S. 656.
[387] Vgl. Schlecht (1988), S. 831 ff.; Ward/Fankhauser et al. (2009), S. 10.
[388] Schlecht (1988), S. 831 ff. (bis 845).
[389] Vgl. Issing (1984), S. 5 ff.
[390] Vgl. Donges/Freytag (2004), S. 74.
[391] Vgl. Gröbner (1983), S. 159 ff.
[392] Öffentliche Güter sind durch fehlende Rivalität und ihre Nichtausschließbarkeit im Konsum gekennzeichnet. Vgl. Donges/Freytag, S. 162.
[393] Vgl. Suck (2008), S. 21 ff.

Im Gegensatz zur Strom-, Wärme- und Kraftstoffproduktion aus erneuerbaren Energiequellen verursachen konventionelle Kraftwerke Treibhausgase wie Kohlendioxid (CO_2).[394] Die Umweltschäden, die dadurch entstehen, stellen für die Menschen und die Wirtschaft[395] externe Kosten dar. Durch den Einsatz von erneuerbaren Energien werden diese externen Kosten reduziert.[396] Nichtsdestotrotz ist der Markt selber nicht in der Lage, die dadurch entstehenden positiven Externalitäten bzw. den sozialen Nutzen zu monetarisieren.[397] Deshalb liegt bei der Energieerzeugung aus regenerativen Energiequellen der Fall eines mehrfachen Marktversagens[398] vor, das nur durch eine staatliche Intervention[399] behoben werden kann.[400]

Ein Beispiel einer solchen staatlichen Regulierung ist das deutsche Gesetz für den Vorrang Erneuerbarer Energien (EEG), laut dem eine vorrangige Abnahmeverpflichtung des Netzbetreibers zu langfristig (bis 20 Jahren) festgelegten erhöhten Tarifen für den erzeugten Strom garantiert ist.[401] Deshalb werden erneuerbare Energien aufgrund ihrer schwachen Wettbewerbsfähigkeit im Vergleich zu fossilen Energieträgern vorwiegend in politikgesteuerten Wirtschaften etabliert.[402]

Das Inkrafttreten des Gesetzes zur Förderung erneuerbarer Energien in Belarus „Über erneuerbare Energiequellen"[403] vom 27. Dezember 2010 (vgl. Kap. 2.3) stellt ebenso eine Form der Subventionierung des Sektors durch den Staat dar. Ähnlich wie in Deutschland verpflichtet sich der Staat zur langfristigen (allerdings nur über 10 Jahren) Abnahme des aus erneuerbaren Energiequellen produzierten Stroms zu erhöhten Tarifen[404] (vgl. Kap. 2.1.4). Ferner wird nach diesem Gesetz die saubere Energie durch den staatlichen Netzbetreiber Belenergo vorrangig ins Netz eingespeist. Außerdem erhalten ausländische Investoren, die eine Projektentwicklung im Bereich erneuerbarer Energien auf dem Gebiet der Republik Belarus anstreben, Subventionen in Form von Steuererleichterungen sowie Zollfreiheit für die Einfuhren (vgl. Kap. 2.3).

---

[394] Vgl. Schmidt/Mühlenhoff (2010), S. 4.
[395] Eine unkontrollierte Klimaerwärmung könnte 20 % des weltweiten BIP kosten. Vgl. Gardiner (2007).
[396] Beispielsweise 2006 konnten in Deutschland durch den Erneuerbare-Energien-Einsatz die Emissionen von 46 Mio. t CO_2, 15.000 t SO_2, 32.000 t NO_X und 3.000 t Feinstaub vermieden werden. Im monetären Äquivalent entspricht dies vermiedenen externen Kosten in Höhe von ca. 3,4 Mrd. €. Die auf eine Förderung durch das EEG in Höhe von 3,2 Mrd. € adjustierte (reine) monetäre Vermeidung von Umweltschäden entsprach somit den 200 Mio. €. Vgl. Krewitt/Schlomann (2006), S. 1 ff.
[397] Vgl. Cramon/Lakemeyer/Rakova (2009).
[398] Vgl. Christmann (2004), S. 6 ff.
[399] Regulierung des öffentlichen Gutes, das aufgrund fehlender Profitaussichten auf einem freien Markt nicht realisiert sein würde.
[400] Vgl. Suck (2008), S. 21 ff.
[401] Vgl. §§ 8, 21 EEG.
[402] Vgl. Justice (2009), S. 13 f.
[403] Vgl. Gesetz der Republik Belarus Nr. 204-3 vom 27.12.2010.
[404] Vgl. Beschluss des Wirtschaftsministeriums Nr. 99 vom 10.06.2010.

Auch die Förderung von Exporten[405] gehört zu den Instrumenten staatlicher Subventionen.[406] Ein Beispiel dafür stellen Exportkreditgarantien (Ausfuhrbürgschaften[407]) des Staates dar[408] – die sog. Versicherungen für Exportgeschäfte, die einen Zahlungsausfall aus wirtschaftlichen oder politischen Gründen absichern.[409] Nationale Export Credit Agencies (ECAs)[410] dürfen Exportkreditgarantien bearbeiten, wobei in Deutschland diese Aufgabe die Euler Hermes Kreditversicherungs-AG[411] „im Auftrag und für Rechnung der Bundesrepublik Deutschland"[412] erfüllt. Diese Hermes-Deckung ist eine Form der Außenhandelsfinanzierung.

Die Bundesregierung hält den Export von deutscher Technologie zur Energieerzeugung aus erneuerbaren Energiequellen, die zur weltbesten gehört, für besonders förderungswürdig. Deshalb hat der OECD-Konsensus, deren Regelungen die Exportkreditgarantien[413] unterliegen, für Exporte von umweltfreundlichen Technologien ein gesondertes Abkommen geschaffen: Der Annex IV des OECD-Konsensus weist einige Begünstigungen aus, wie u.a. längere Kreditlaufzeiten (bis zu 18 Jahren[414]), flexible Rückzahlungsbedingungen und tilgungsfreie Zeit (Grace Period) für bis zu 1,5 Jahren. Außerdem besteht die Möglichkeit, Kreditrückzahlungen in der Währung des Empfängerlandes zu leisten[415], da die Einnahmen aus dem Stromverkauf generell in Lokalwährung erfolgen. Dadurch werden u.a. die Währungsrisiken minimiert. Allerdings hat Belarus beim Länderrating[416] von Euler Hermes die schlechteste Ratingklasse, was relativ hohe Margen für die deutschen Exporteure bei der Indeckungnahme mit sich bringt.

---

[405] Aufgrund des internationalen Wettbewerbs um Großprojekte werden Exporteure oft durch ihre Beteiligung an einem Projekt gleichzeitig zu Investoren. Vgl. Böttcher (2006), S. 3.
[406] Busse (2003), S. 656.
[407] Die Ausfuhrbürgschaft findet ihre Anwendung, wenn der Abnehmer ein Staat oder eine staatliche Institution ist; bei privaten Partnern nennt sie sich Ausfuhrgarantie. Vgl. Kopper (1988), S. 377 ff.
[408] Vgl. Perridon/Steiner (2002), S. 422 f.; Euler Hermes Kreditversicherungs-AG (2009), S. 3 ff.
[409] Vgl. Janus (2010), S. 335 ff.
[410] Vgl. Grath (2008), S. 110.
[411] Zu den wichtigsten Deckungsformen der Euler Hermes Kreditversicherungs-AG gehören Fabrikations-, Ausfuhr-, Finanzkredit- und Wechselkursdeckungen. Vgl. Kopper (1988), S. 380 ff.; Janus (2010), S. 336 f.
[412] Euler Hermes Kreditversicherungs-AG (2009), S. 2.
[413] Für Geschäfte mit einer Laufzeit von mehr als 2 Jahren.
[414] Die Exportkreditgarantien sind im Regelfall den Regelungen des OECD-Konsensus unterworfen. Nach diesen Regelungen ist die Deckung der Kredite mit Laufzeiten bis zu 8,5 Jahren für Exporte in die OECD-Hocheinkommensländer (Konsensuskategorie I) und bis zu 10 Jahren bei Exporten in alle anderen Länder (Konsensuskategorie II) möglich. Vgl. Langner (2009), S. 3 ff.
[415] Vgl. Langner (2009), S. 3 ff.
[416] „Zahlungsausfallrisiko bei kurzfristigen Geschäften mit Unternehmen in einem Land aufgrund von politischen und/oder wirtschaftlichen Faktoren." Euler Hermes Kreditversicherungs-AG (2011).

Bei Projektfinanzierungen in GUS-Ländern und darunter in Belarus, wo noch keine ausreichenden Rahmenbedingungen im Vergleich zu westeuropäischen Ländern vorhanden sind (vgl. Kap. 2.2 und 2.3), ist eine Hermes-Deckung unverzichtbar.[417]

---

[417] Vgl. Justice (2009), S. 13 f.

4 Entwicklungsperspektiven des Marktes für erneuerbare Energien in Belarus

In Belarus besteht im Hinblick auf die Notwendigkeit der Diversifikation von Energiequellen ein enormer Investitionsbedarf in die Entwicklung des Sektors erneuerbarer Energien. Dies stellt eine große Herausforderung für das Land dar, da die Rahmenbedingungen dort weit weniger günstig sind als beispielsweise in einem Industrieland. Hauptursachen dafür sind der Mangel an finanziellen Ressourcen und der beschränkte Zugang zu den internationalen Finanzmärkten.[418] Deshalb sind Kredite internationaler Organisationen und ausländische Direktinvestitionen eine Voraussetzung, um das Ziel der belarussischen Regierung – einen Anteil von 32 % für die Nutzung einheimischer und erneuerbarer Energien bis zum Jahr 2020 – zu erreichen.[419]

Dies kann allerdings nur gewährleistet werden, wenn der Privatsektor gestärkt wird. Derzeit sind die größten Hindernisse für Investitionen in erneuerbare Energien in Belarus der starke Einfluss des Staates auf die Wirtschaft, der die Entwicklung des Privatsektors hindert, und der Mangel an transparenten Umsetzungsplänen für politische Reformen.[420] Auch die Diktatur des belarussischen Staatschefs ist im Hinblick auf die langfristige Investitionssicherheit kritisch zu beurteilen.[421]

Belarus hat noch keine Energiemarktliberalisierung begonnen. Die Präsenz des Staatsmonopols und die Dominanz von staatseigenen Unternehmen im Energiesektor ist immer noch ein Faktor, der den Marktwettbewerb beschränkt und den Markteintritt von unabhängigen Betreibern verhindert. Dabei würden ein gesunder Wettbewerb und Markttransparenz die Grundlage für private Investitionen bilden. Auch die Marktliberalisierung in Form von Energiemarktreformen wie die Entkopplung des Netzzugangs vom Netzbetreiber, die Etablierung unabhängiger Energieproduzenten, freier Netzzugang für Drittbieter und die Möglichkeit für Endkunden, ihren Energielieferanten frei zu wählen, stellen einen wichtigen Rahmen für inländische und ausländische Investitionen dar.[422]

---

[418] Vgl. Madlener/Michelsen (2008), S. 160.
[419] Vgl. Meißmer/Ueckerdt/Schenk (2010), S. 3 ff.
[420] Vgl. UNECE (2010b), S. 12.
[421] Als Beleg dafür dient der jüngste politische Umsturz in Ägypten. Das heißt im Falle einer Wende kann die Gefahr für Rückflüsse aus langfristig angelegten Projekten bestehen.
[422] Vgl. Gávez/Gávez/Velasco (2009), S. 169 ff.; UNECE (2010b), S. 41 f.

Vor diesem Hintergrund gewähren internationale Organisationen ihre Kredite an die Länder der ehemaligen Sowjetunion unter der Voraussetzung, dass entsprechende Reformen in Richtung Marktliberalisierung in diesen Ländern durchgeführt werden (vgl. Kap. 3.2.2). Deshalb kann Belarus, das auf diese Kredite gegenwärtig angewiesen ist, die Reformierung seines Wirtschaftssystems nicht umgehen. Mithilfe von internationalen Organisationen kann Belarus einen Markt für erneuerbare Energien aufbauen, wenn der Energiemarkt liberalisiert und Handelsbarrieren abgebaut werden. Dies kann der Erhöhung der Energieversorgungssicherheit des Landes dienen und zum wirtschaftlichen Aufschwung führen.

Als Beleg für den bevorstehenden Wandel kann die Zusicherung der belarussischen Regierung angesehen werden, den belarussischen Energiemarkt bis 2015 zu reformieren. Geplant sind die Formierung freier Marktstrukturen und eines Großhandelsmarktes für elektrische Energie, was die Kostentransparenz auf allen Stufen der Wertschöpfungskette (Erzeugung, Übertragung, Verteilung und Vertrieb) gewährleisten soll. Für die effektive Realisierung dieses Vorhabens ist die weitere Verbesserung der Preis- und Tarifpolitik vorgesehen.[423] Ferner wird nach Aussage der belarussischen Regierung angestrebt, verbesserte Rahmenbedingungen wie vereinfachte Nutzungsregeln für Grund und Boden sowie die Vereinfachung des Lizenzierungs- und Besteuerungssystems (vgl. Kap. 2.3) für Investoren zu schaffen.[424]

Durch die Steigerung der Effektivität des Energiesystems als gezielte Auswirkung der Reform können private Investitionen in den Sektor angekurbelt werden.[425] Potentiale eröffnen sich insbesondere für ausländische strategische Investoren, die Expansion und globales Engagement anstreben. Auch internationale Finanzinvestoren, die nach Möglichkeiten einer Portfoliodiversifikation suchen, haben generell Interesse an Kapitalanlagen in Schwellenländern. Solche Anlagen weisen eine niedrige Korrelation mit anderen Anlageklassen auf und versprechen eine hohe Rendite.

Ferner werden ausländische Kreditinstitute durch die Zurverfügungstellung des Kapitals für Projekte zur sauberen Energieerzeugung in Belarus profitieren können. So verfügen europäische Geschäftsbanken über gute Erfahrungen bei der Finanzierung von Projekten dieser Branche. Aus mittel- bis langfristiger Sicht ist die Einschaltung einer Export Credit Agency (ECA) jedoch unverzichtbar. Somit können Importe von umweltfreundlichen Technologien in Bela-

---

[423] Vgl. Ministerratsbeschluss der Republik Belarus Nr. 1180 vom 09.08.2010.
[424] Vgl. Dekret des Präsidenten der Republik Belarus Nr. 10 vom 06.08.2009 sowie Ministerratsbeschluss der Republik Belarus Nr. 1449 vom 06.11.2010; Meißner/Ueckerdt/Schenk (2010), S. 12.
[425] Vgl. Christmann (2004), S. 71 ff.

rus auch einen Beitrag zur Förderung der Wirtschaft der Exportländer leisten. Mezzanine-Kapital (vgl. Kap. 3.2.1) soll in Zukunft als Finanzierungsquelle mehr in den Vordergrund rücken und bei der Finanzierung von Projekten in Belarus eine zusätzliche Alternative zum knappen Eigenkapital darstellen.

Der Handel mit Emissionszertifikaten und die Teilnahme am Joint-Implementation-Program des Kyoto-Protokolls können in Belarus künftig bei der Kofinanzierung und Marktetablierung von umweltfreundlichen Technologien eine wichtige Rolle spielen. Jedoch ist immer noch unklar, innerhalb welchen Zeitraums alle Zulassungsvoraussetzungen, die zur Teilnahme an diesem Programm und zum Zertifikatehandel berechtigen, für Belarus erfüllt sein werden. Mittelfristig ist damit jedenfalls nicht zu rechnen.

Der Beitrag zum Wirtschaftswachstum durch den Einsatz umweltfreundlicher Technologien zur Energieerzeugung kann jedoch nur dann erfolgen, wenn ein signifikanter Anteil der Gesamtleistung (Herstellung von Anlagen, Service) im Land selbst stattfindet. So kann nationale Wertschöpfung (durch ausländische Direktinvestitionen hervorgerufen) entstehen. Allerdings mangelt es Belarus gegenwärtig an Spezialisten im Bereich erneuerbarer Energien, da dieses Thema erst vor einigen Jahren an Aufmerksamkeit gewonnen hat. Deshalb wird die einheimische Leistung aus kurzfristiger Perspektive nur einzelne Teilstufen der Wertschöpfungskette einschließen, wie Transport, Wartung oder Erkundung potentieller Investitionsflächen zur Nutzung erneuerbarer Energien.[426] Aus mittel- bis langfristiger Sicht sind auch positive externe Effekte durch die Adaptation und die Implementierung von Spitzentechnologie durch lokale Firmen möglich. Dies ist erst dann gewährleistet, wenn das Niveau des Humankapitals einen bestimmten Schwellenwert erreicht hat.[427]

Darüber hinaus werden ausländische Direktinvestitionen einen positiven Einfluss auf die Entwicklung des lokalen Börsenmarktes haben können, wenn sich Investoren zum Teil durch den Verkauf von Anteilen im Gastland finanzieren können. Zusätzlich kann die Liquidität der Aktienmärkte erhöht werden, wenn sie sich für den Kauf von Aktien der lokalen Unternehmen im Rahmen ihrer Investitionen entscheiden.[428]

Dennoch ist der gesamte Sektor erneuerbarer Energien (noch) nicht wettbewerbsfähig und es ist eine staatliche Unterstützung durch Subventionen notwendig. Auch wird der Ausbau von

---

[426] Vgl. Meißner/Ueckerdt/Schenk (2010), S 5 f.
[427] Vgl. Deutsche Bundesbank (2003), S. 12.
[428] Vgl. Claessens/Klingebiel/Schmuckler (2002), S. 3 f.

erneuerbaren Energien kurzfristig keine positiven Auswirkungen auf die ökonomische Entwicklung des Landes haben. Aus langfristiger Sicht werden Lerneffekte aus der Nutzung von erneuerbaren Energiequellen sowie der technische Fortschritt zur Reduktion von Investitionskosten[429] und zur Erhöhung der Wirtschaftsleistung führen. Gleichzeitig werden die Preise für knappe fossile Energieträger steigen, wodurch sich die Wettbewerbsfähigkeit erneuerbarer Energien mit der Zeit erhöhen wird.[430]

Gegenwärtig muss der Ausbau des Sektors durch entsprechende staatliche Maßnahmen gefördert werden. Der Erlass eines Gesetzes zur Förderung erneuerbarer Energiequellen zum Ende 2010 in Belarus kann deshalb als ein wichtiger Schritt angesehen werden. Inwiefern er zu positiven Auswirkungen wie der Anziehung von Investitionen aus dem Privatsektor führen wird, bleibt abzuwarten. Es wird mit großer Wahrscheinlichkeit noch zu Verbesserungen und Änderungen des Gesetzes kommen.

So sehen Experten die Ausgestaltung des Modells der Einspeisevergütung als nicht optimal an.[431] Dabei ist eine Einspeisevergütungspolitik gemäß internationaler Erfahrung das effektivste Verfahren, um die schnelle und nachhaltige Implementierung von umweltfreundlichen Technologien zu fördern.[432] Wird die bestehende Regelung – der Feed-in-Tarif an den Elektrizitätsmarktpreis anzukoppeln (vgl. Kap. 2.1.4) – entsprechend geändert, kann von einer erhöhten Investitionsbereitschaft des Privatsektors ausgegangen werden. Dies würde auch die Entwicklung des Bereiches kleiner dezentraler Projekte zur Energieerzeugung aus Wind und Biomasse vorantreiben.

Zurzeit werden in Belarus jedoch vor allem bilaterale Vereinbarungen zwischen staatlichen Organen und potentiellen Investoren praktiziert, statt allgemein gültige Regelungen beim Vertragsabschluss anzuwenden (siehe Beispiel zur Enertrag AG, Kap. 3.2.1). Dies mag aus kurzfristiger Perspektive für große Investoren und für den belarussischen Staat vorteilhaft sein, birgt aber Gefahren in sich. So erhalten mittelständische Unternehmen, die durch geringere Kapazitäten und weniger gute Beziehungen zur belarussischen Regierung gekennzeichnet sind, nur einen erschwerten Marktzugang. Dies kann dem Vertrauen und folglich dem Investitionsklima weitgehend schaden.[433]

---

[429] Vgl. Sutton (1998), S. 343 ff.
[430] Vgl. Meißner/Ueckerdt/Schenk (2010), S 5 f.
[431] Vgl. Couture/Gagnon (2009), S. 955 ff.; Meißner/Ueckerdt/Schenk (2010), S. 15 f.
[432] Vgl. Couture/Gagnon (2009), S. 955 ff.
[433] Vgl. Meißner/Ueckerdt/Schenk (2010), S 11.

Die Entwicklung der belarussischen Wirtschaft ist widersprüchlich. Einerseits kann von einer Öffnung des Marktes für ausländische Investoren durch die zahlreichen jüngsten Reformen gesprochen werden. Andererseits existieren noch viele Barrieren, insbesondere beim Eintritt privater Unternehmen in den staatlich kontrollieren Energiemarkt. Dies führt zu relativ hohen Risikomargen für das langfristige Fremdkapital und zu hohen Renditeerwartungen der Anteilseigner. Gleichwohl bietet Belarus als ein Wachstumsmarkt große Potentiale für die zukünftige Zusammenarbeit mit Industrienationen, insbesondere auf dem für das Land neuen Gebiet erneuerbarer Energien.

5 Fazit

Im Rahmen dieser Studie wurden Finanzierungsmöglichkeiten für Investitionen in Projekte zur Nutzung erneuerbarer Energien in Belarus vor dem Hintergrund seiner gegenwärtigen Rahmenbedingungen untersucht. Daraus wurden Entwicklungsperspektiven des Marktes für regenerative Energien unter Berücksichtigung der Finanzierungsmöglichkeiten abgeleitet. Der Fokus lag dabei auf großen Projekten. Eine empirische Untersuchung in der Form von Projektbeispielen diente dabei der Ergänzung von theoretischen Strukturen.

Die wirtschaftliche Entwicklung Belarus' ist durch eine hohe Abhängigkeit von Lieferungen russischer Energieträger gekennzeichnet. Rasant steigende Preise für diese Energieträger zwingen Belarus, das kaum eigene fossile Brennstoffe besitzt, zur Erkundung neuer Möglichkeiten für die Energieversorgung. Demgegenüber steht ein bis dato nur in geringem Maße erschlossenes Potential zur Nutzung erneuerbarer Energien, insbesondere in den Bereichen Windenergie und Biomasse. Der Ausbau dieses Sektors hängt von mehreren Faktoren ab, wobei der Finanzierung eine Schlüsselrolle zukommt.

Die Finanzierung von Projekten im Bereich erneuerbarer Energien ist durch relativ hohe Kapitalvolumina, langfristige Kapitalbindung und spezifische Projektrisiken gekennzeichnet. Aus diesem Grund sind an einer Finanzierung notwendigerweise mehrere Vertragspartner beteiligt. Die Finanzierung kleiner Projekte der netzgebundenen Stromerzeugung aus regenerativen Energiequellen erfolgt zumeist im Rahmen einer klassischen Kreditfinanzierung. Diese Variante verlangt jedoch einen liberalisierten Energiemarkt, wobei sich der belarussische Energiemarkt nahe zu vollständig in Staatsbesitz befindet.

Die Finanzierung großer Energieprojekte, die einen Beitrag zur Versorgungssicherheit in Belarus leisten können, erfolgt jeweils über die Gründung einer Zweckgesellschaft (SPV) für die Projektdurchführung. Die SPV kann als eine rechtlich selbständige Einheit auftreten. Am Eigenkapital einer SPV sind Projektträger (z.B. strategische Investoren) und Finanzinvestoren beteiligt. Während Finanzinvestoren lediglich Gewinnerzielungsabsichten verfolgen, wobei sie mit ihrer Kapitalanlage eine Portfoliodiversifikation am belarussischen Wachstumsmarkt anstreben, stellen strategische Investoren die Erschließung von Wachstumspotentialen in den Vordergrund ihres finanziellen Erfolgs.

Fremdkapital wird der SPV von Geschäftsbanken und internationalen Organisationen zur Verfügung gestellt. Kredite internationaler Organisationen dienen der Entwicklung des Sektors erneuerbarer Energien in Belarus und werden unter der Voraussetzung der Reformdurch-führung in Richtung Marktwirtschaft vergeben. Internationale Organisationen stellen Finanz-mittel durch lokale Banken, die dabei als Intermediäre auftreten, für Projekte bereit. Darüber-hinaus haben sie aufgrund ihrer länderübergreifenden Erfahrung in der Begleitung solcher Projekte eine Beratungsfunktion. Internationale Organisationen können außerdem durch eine Beteiligung am Eigenkapital der SPV selbst als Projektträger fungieren.

Die staatliche Unterstützung in Form direkter und indirekter Subventionen ist eine unerlässli-che Bedingung bei der Durchführung von Projekten zur Energieerzeugung aus erneuerbaren Quellen. Durch das Schaffen von allgemeinen Regelungen wie Abnahmeverpflichtungen und einem erhöhten Einspeisetarif für Ökostrom sowie Steuererleichterungen oder Investitionszu-schüssen fördert der Staat Investitionen in den Sektor erneuerbarer Energien und unterstützt damit die Implementierung von noch nicht wettbewerbsfähigen Technologien. In Belarus be-dürfen diese Rahmenbedingungen gegenwärtig noch einer erheblichen Weiterentwicklung.

Belarus ist aufgrund des relativ schwach entwickelten Privatsektors und unzureichender Er-fahrung bei Projektfinanzierungen insbesondere im Bereich erneuerbarer Energien auf aus-ländische Partner angewiesen, die einen besseren Zugriff auf die internationalen Kapitalmärk-te haben und über das erforderliche Know-how verfügen. Eine besondere Rolle spielen dabei Direktinvestitionen. Bei Projektfinanzierungen in Belarus ist aufgrund der aus langfristiger Sicht unsicheren Rahmenbedingungen der Miteinbezug von Exportkreditgarantien notwendig, die durch eine nationale Export Credit Agency (ECA) dem Exporteur zur Verfügung gestellt werden.

Der Ausbau des Sektors erneuerbarer Energien kann aus langfristiger Perspektive positive Auswirkungen auf die belarussische Wirtschaft und auf den Klimaschutz haben sowie einen nachhaltigen Beitrag zur Energiesicherheit des Landes leisten. Dabei wird eine Finanzierung von Projekten in diesem Bereich nur dann möglich sein, wenn entsprechende Rahmenbedin-gungen als Grundlage für die langfristige Sicherheit für Investoren geschaffen werden. Die belarussische Regierung kündigt gegenwärtig viele Reformen an, die neben der Energiemarkt-liberalisierung die Schaffung attraktiver Rahmenbedingungen für potentielle Investoren mit sich bringen sollen. Werden diese Reformen in näherer Zukunft, wie beabsichtigt, umgesetzt, ist mit einer weiteren Öffnung des belarussischen Marktes, der lange Zeit für ausländische Investoren nahezu nicht zugänglich war, zu rechnen.

Anhang

A1 Begriffsdefinition: Biomasse

Nach der Begriffsdefinition der Fördergesellschaft Erneuerbare Energien e.V. werden zu Biomasse feste und flüssige organische Stoffe sowie gasförmige Stoffe als deren Umwandlungsprodukte gezählt, die zur Gewinnung von Strom geeignet sind und somit als Bioenergieträger bezeichnet werden.

So gehören zu den *festen Bioenergieträgern* hauptsächlich land- und forstwirtschaftliche Erzeugnisse, darunter gesondert angebaute Energiepflanzen (bspw. Bäume schnellwachsender Arten sowie Getreidepflanzen), Waldholz, Getreidestroh sowie auch Rest-, Abfallstoffe und Nebenprodukte. Ferner zählen dazu Pflanzen und Pflanzenreste anderer Herkunft (wie Landschaftspflegegut), gewerbliche Rest- und Abfallstoffe und Nebenprodukte (bspw. Bauholz, Paletten, Sägemehl sowie Reste aus der Ernährungsindustrie), Zellstoff und Papier.

Zu den *flüssigen Bioenergieträgern* zählen Ethanol (hergestellt aus Getreide, Kartoffeln etc.), Methanol (hergestellt aus lignocellulosehaltiger Biomasse wie Holz), Pflanzenöle (bspw. Rapsöl) sowie ihre Derivate (wie Rapsölalkyl) und Ester (Biodiesel oder Rapsölalkylester).

Das aus Biomasse gewonnene Gas wird als *gasförmiger Bioenergieträger* bezeichnet. Es wird durch bakterielle Umsetzungsprozesse organischer Stoffe erzeugt, die aus Land-, Forst- und Fischwirtschaft stammen (bspw. aus Dung oder Gülle). Dazu zählen außerdem Bio-, Klär- und Deponiegas sowie Wasserstoff, die aus Rest- und Abfallstoffen erzeugt werden. Auch aus thermochemischer Umwandlung von Biomasse erzeugtes Gas fällt darunter.[434]

---

[434] Vgl. FEE, Begriffsdefinition.

A2 Umrechnungsfaktoren und Vorsatzzeichen

Währungskurs[435]

4.068 BYR / € vom 27.01.2010

Vorsatzzeichen[436]

k (Kilo)	$= 10^3$	Tausend
M (Mega)	$= 10^6$	Million
G (Giga)	$= 10^9$	Milliarde
T (Tera)	$= 10^{12}$	Billion

Energieeinheiten[437]

	kJ	kcal	kWh	kg SKE	m³ Erdgas
1 kJ	1	0,2388	0,000278	0,000034	0,000032
1 kcal	4,1868	1	0,001163	0,000143	0,00013
1 kWh	3.600	860	1	0,123	0,113
1 kg SKE	29.308	7.000	8,14	1	0,923
1 m³ Erdgas	31.736	7.580	8,816	1,083	1

---

[435] Vgl. Nationalbank der Republik Belarus, Official Exchange Rate.
[436] Vgl. Erdmann/Zweifel (2008), S. 20 f.; Breiholz/Netzhammer/Feldmann (2009), S. 17.
[437] Vgl. Erdmann/Zweifel (2008), S. 20 f.; Breiholz/Netzhammer/Feldmann (2009), S. 17.

Literaturverzeichnis

AEE Agentur für Erneuerbare Energien e.V. (Hrsg.) / Schmidt, Janine (2010)

Factsheet Volkswirtschaftlicher Nutzen des Ausbaus Erneuerbarer Energien, vom 01.10.2010.

Altrogge, Günter (1994)

Investition. 4. Aufl., München / Wien.

Arlinghaus, Olaf / Balz, Ulrich (Hrsg.) (2001)

Going public: der erfolgreiche Börsengang. München.

Auswärtiges Amt der Republik Belarus

Webadresse: http://www.mfa.gov.by/, aufgerufen am 24.12.2010.

Baldeweg, Dirk K. (2006)

Bewertung von Unternehmen der New Economy. Einsatz dynamischer Modelle zur Verbesserung der Bewertungsqualität. Diss. Lüneburg (2006), Kahle, Egbert (Hrsg.), 1. Aufl., Wiesbaden.

Ballin, Andre (2010)

Lukaschenko will mit Strabag kooperieren, vom 02.12.2010, WirtschaftsBlatt, elektronisch veröffentlicht unter dem URL: http://www.wirtschaftsblatt.at/archiv/lukaschenko-will-mit-strabag-kooperieren-449663/index.do, aufgerufen am 15.02.2011.

Becker, Hans P. (2009)

Investition und Finanzierung: Grundlagen der betrieblichen Finanzwirtschaft. 3. Aufl., Wiesbaden.

Beltransgas Offene AG,

Webadresse: http://www.btg.by/, aufgerufen am 29.10.2010.

Ben-Shahar, Haim (1968)

The Capital Structure and the Cost of Capital. A Suggested Exposition. In: The Journal of Finance Bd. 23, Nr. 4, S. 639-653.

Berger, Helmut / Bachmann, Gerald / Cremer, Peter et al. (2005)

Energieeffiziente Technologien und Effizienzsteigernde Maßnahmen. Praxiserprobte Anwendungen und Innovationen. Monographie M-172, Umweltbundesamt, Wien.

Beschluss des Wirtschaftsministeriums Nr. 91 vom 31.05.2006

„Über Tarife für elektrische Energie, die von nicht zum Konzern Belenergo gehörenden juristischen Personen sowie von einzelnen Unternehmern generiert und dem Konzern eingespeist wird". Register der Gesetzgebungsakte der Republik Belarus Nr. 8/14625 vom 27.06.2006.

Beschluss des Wirtschaftsministeriums Nr. 99 vom 10.06.2010

„Über die Vornahme von Änderungen und Ergänzungen im Beschluss des Wirtschaftsministeriums Nr. 91 vom 31.05.2006 ". Register der Gesetzgebungsakte der Republik Belarus Nr. 8/22512 vom 30.06.2010.

Blohm, Hans / Lüder, Klaus / Schaefer, Christina (2006)

Investition: Schwachstellenanalyse des Investitionsbereiches und Investitionsrechnung. 9. Aufl., München.

Bogushevich, Alexej B. (2010)

Der Abschluss des Vertrages zur Einspeisung von Elektrizität von unabhängigen Betreibern der Block-Stationen in das belarussische Stromnetz. Belenergo, Minsk.

Bouhia, Hynd (2009)

Financing Renewable Energy: The Case of Morocco. In: Renewable Energy in the Middle East. Enhancing Security through Regional Cooperation. Mason, Michael / Mor, Amit (Hrsg.), NATO Science for Peace and Security Series: Enviromental Security, Dordrecht, S. 93-109.

Breiholz, Jörn / Netzhammer, Michael / Feldmann, Lisa (2009)

Energie ist Leben. Nachhaltige Entwicklung und Armutsbekämpfung brauchen Energie – Anregungen aus Bolivien. In: Nachhaltigkeit hat viele Gesichter Bd. 9, GTZ Deutsche Gesellschaft für technische Zusammenarbeit (Hrsg.), Heidelberg.

Breuer, Wolfgang (2008)

Finanzierung: Eine systematische Einführung. 2. Aufl., Wiesbaden.

Broughton, Emma (2009)

The Global Environment Facility: Managing the Transition, 6/2009. The Global Environment Facility / Leboeuf, Aline (Hrsg.), IFRI Health and Environment Reports Nr. 3.

Bucher, Björn (2010)

Länderrating und sein Einfluss auf die Kundenbeurteilung. In: Debitorenrating. Bonität von Geschäftspartnern richtig einschätzen. Becker, Grit S. / Everling, Oliver (Hrsg), 1. Aufl., Wiesbaden, S. 91-107.

Budäus, Dietrich / Grüning, Gernot (1997)

Public Private Partnership - Konzeption und Probleme eines Instrumentes zur Verwaltungsreform aus Sicht einer Public Choice-Theorie. In: Public Private Partnership. Neue Formen öffentlicher Aufgabenteilung. Budäus, Dietrich / Eichhorn, Peter (Hrsg.), 1. Aufl., Baden-Baden, S. 25-66.

Büschgen, Hans E. (1988)

Ermittlung des Kapitalbedarfs der Unternehmung. In: Finanzierungshandbuch. Christians Wilhelm F. (Hrsg.), 2. Aufl., Wiesbaden, S. 159-190.

Busse, Franz-Joseph (2003)

Grundlagen der betrieblichen Finanzwirtschaft, 5. Aufl., München.

Christmann, Clemens (2004)

Liberalisierung von Monopolmärkten. Diss. Mainz (2003), Forschungsinstitut für Wirtschaftspolitik an der Universität Mainz e.V. (Hrsg.), Frankfurt am Main.

Chuprov, Vladimir / Bodrov, Oleg / Shkradück Igor' (2009)

Reducing Consumption of Natural Gas in the Republic of Belarus: Nuclear and Innovation Scenarios, Monographie, DecomAtom, Minsk.

Churchill Winston, abgedruckt in: **Yergin, D. (2006)**

Ensuring Energy security. Foreign Affairs Bd. 85 Nr. 2, New York, S. 69-82.

CIA Central Intelligence Agency (2011)

The World Factbook: Belarus, vom 20.01.2011, elektronisch veröffentlicht unter dem URL: https://www.cia.gov/library/publications/the-world-factbook/geos/bo.html, aufgerufen am 29.01.2011.

Claessens, Stijn / Klingebiel, Daniela / Schmukler, Sergio L. (2002)

FDI and Stock Market Developments: Complement or Substitutes? IADB Inter-American Development Bank, Nr. 12-02.

Coase, Ronald H. (1937)

The Nature of the Firm. In: Economica Bd. 4, Nr. 16, S. 386-405.

Couture, Toby / Gagnon, Yves (2009)

An analysis of feed-in tariff remuneration models: Implications for renewable energy investment. In: Energy Policy Bd. 38, Nr. 2, 2/2010, S. 955-965.

Cramon, Stephan von / Lakemeyer, E. / Rakova, Elena (2009)

Renewable Energy Resources: the Past, Present and Future. [PP/09/05], GET German Economic Team, Minsk.

Crundwell, Frank K. (2008)

Finance for Engineers. Evaluation and Funding of Capital Projects, London.

Dehmer, Dagmar (2007)

Unerwünschtes Angebot, vom 07.01.2007. Der Tagesspiegel, Politik, elektronisch veröffentlicht unter dem URL: http://www.tagesspiegel.de/politik/unerwuenschtes-angebot/795464.html, aufgerufen am 25.01.2011.

Dekret des Präsidenten der Republik Belarus Nr. 10 vom 06.08.2009

„Über die Schaffung zusätzlicher Bedingungen für die Investitionstätigkeit in der Republik Belarus". Nationales Register der Rechtsakte 2009, Nr. 188, 1/10912.

Dekret des Präsidenten der Republik Belarus Nr. 3 vom 20.03.1998

„Über die Privatisierung des staatlichen Eigentums der Republik Belarus". Nationales Register der Rechtsakte Nr. 1/2331 vom 23.02.2001.

Dekret des Präsidenten der Republik Belarus Nr. 8 vom 26.06.2009

„Über Änderungen und Vervollständigungen des Dekretes Nr. 3 vom 20.03.1998", Nationales Register der Rechtsakte 2009, Nr. 159, 1/10806.

Deloitte & Touche FE (Hrsg.) (2008)

Doing Business in Belarus, National Investment Agency, Republic of Belarus.

Deloitte & Touche FE (Hrsg.) (2009)

Business- und Investitionsführer der Republik Belarus, Aspekte der Besteuerung.

dena Deutsche Energie-Agentur (Hrsg.) (2007)

Projektfinanzierung in der russischen kommunalen Wärmeversorgung, 11/2007.

dena Deutsche Energie-Agentur (Hrsg.) (2009)

Länderprofil Weißrussland, Informationen zur Nutzung und Förderung von erneuerbaren Energien für Unternehmen der deutschen EE-Branche, 7/2009.

Deutsche Bundesbank (2003)

The role of FDI in emerging market economies compared to other forms of financing: Past developments and implications for financial stability, vom 24.02.2003. Deutsche Bundesbank, International Relations Department, Frankfurt.

Direktive des Präsidenten der Republik Belarus Nr. 3 vom 14.06.2007

„Die Ökonomie und Sparsamkeit – die Hauptfaktoren der Wirtschaftssicherheit des Staates".

Donges, Juergen B. / Freytag, Andreas (2004)

Allgemeine Wirtschaftspolitik. 2. Aufl., Stuttgart.

Drukarczyk, Jochen (2003)

Finanzierung: eine Einführung. 9. Aufl., Stuttgart.

EBRD European Bank for Reconstrution and Development (2010)

Factsheet Belarus, 5/2010.

EBRD European Bank for Reconstrution and Development (2011)

Factsheet Sustainable Energy Financing Facilities, 1/2011.

EEC Energy Expert Centre (2010)

Belarus ist aktiv auf der Suche nach Alternativen für russisches Gas, vom 22.06.2010, elektronisch veröffentlicht unter dem URL: http://www.energy-experts.ru/news/597.html, aufgerufen am 02.01.2011.

EEG Gesetz für den Vorrang Erneuerbarer Energien

vom 25.10.2008, Bundesrepublik Deutschland.

Energieministerium der Republik Belarus (2009)

Ministry of Energy of Republic of Belarus Investment Projects. Offene AG Energetische Strategie, Minsk.

Erdmann, Georg / Zweifel, Peter (2008)

Energieökonomik. Theorie und Anwendungen. Berlin / Heidelberg.

Euler Hermes Kreditversicherungs-AG (Hrsg.) (2009)

Ausfuhrgarantien. Allgemeine Bedingungen. Rechtliche Grundlagen, 3/2009.

Euler Hermes Kreditversicherungs-AG (Hrsg.) (2010)

Weekly Export Risk Outlook, vom 22.12.2010.

Euler Hermes Kreditversicherungs-AG (Hrsg.) (2011)

Euler Hermes Länder-Ratings, 1/2011.

European Commission (2008)

The economic aspects of the energy sector in CIS countries, 06/2008. Economic Papers 327, Directorate-General for Economic and Financial Affairs Publications, Brussels.

Fachverband Biogas e.V. (2010)

Biogas Branchenzahlen, 11/2010.

FEE Fördergesellschaft Erneuerbare Energien e.V.

Webadresse: http://www.fee-ev.de/, aufgerufen am 19.10.2010.

Fischer, Jürgen (1992)

Die Transformation der osteuropäischen Länder in die Marktwirtschaft. Marktentwicklung und Kooperationschancen. Osteuropa. Geschichte, Wirtschaft, Politik Bd. 3. Fischer, Jürgen / Messner, Frank / Wohlmuth, Karl (Hrsg.), Münster / Hamburg.

Frey, Thorsten (2005)

Management von Inflationsrisiken. In: Finanzrisikomanagement im Unternehmen: ein Praxishandbuch. Priermeier, Thomas (Hrsg.), München, S. 329-344.

Funk, Joachim (1988)

Sonderformen der Außenfinanzierung. In: Finanzierungshandbuch. Christians, Wilhelm F. (Hrsg.), 2. Aufl., Wiesbaden, S. 397-443.

FVEE Der ForschungsVerbund Erneuerbare Energien (2010)

Energiekonzept 2050. Eine Vision für ein nachhaltiges Energiekonzept auf Basis von Energieeffizienz und 100 % erneuerbaren Energien, 6/2010. Fachausschuss „Nachhaltiges Energiesystem 2050" des ForschungsVerbunds Erneuerbare Energien, Berlin.

Gardiner, Beth (2007)

More business schools embrace „green" agenda. The Wall Street Journal Nr. 13, 6/2007.

Gávez, Catalina / Gávez, Ana / Velasco, Roberto (2009)

Privatization and Deregulation of the European Union: Testing the Impact on Consumers. In: Critical Essays on the Privatization Experience. Aresis, Philip / Sawyer, Malcolm (Hrsg.), U.K., S. 160-201.

Gesetz der Republik Belarus Nr. 204-3 vom 27.12.2010

„Über erneuerbare Energien".

Glambotskaya, Anastasia (2010)

Businessklima in Belarus: Probleme und Auswirkungen auf die Wettbewerbsfähigkeit. [WP/10/06], IPM Research Center, Minsk.

Glambotskaya, Anastasija / Rakova, Elena / Skriba, A. (2010)

Business in Belarus 2010: Status, Trends, Perspectives. Pelipas I./ Rakova E. (Hrsg.), IPM Research Center, Minsk.

Global Environment Facility (GEF) (2003)

Belarus - Biomass Energy for Heating and Hot Water Supply. GEF Project Details.

Götz, Roland (2006)

Russland: Energie- und Außenpolitik. In: Ost-West-Gegeninformationen Jg. 18, Nr. 2/2006. S. 12-18.

Grath, Anders, (2008)

The Handbook of International Trade and Finance. The Complete Guide to Risk Management, International Payments and Currency Management, Bonds and Guarantees, Credit Insurance and Trade Finance. Grath, Anders (Hrsg.), Glasgow.

Grib, Nataliya / Sapozhinkov, Pyotr (2006)

Gazprom Responds to the Belarusian Presidential Elections. Kommersant, Russia's Daily Online, elektronisch veröffentlicht unter dem URL: http://www.kommersant.com/page.asp?id=662419, aufgerufen am 25.01.2011.

Grimsey, Darrin / Lewis, Mervyn K. (Hrsg.) (2004)

Public Private Partnership. The Worldwide Revolution in Infrastructure Provision and Project Finance, Massachusetts.

Gröbner, Bruno F. (1983)

Subventionen. Eine kritische Analyse, Göttingen.

GTAI Germany Trade and Invest (Hrsg.) (2010)

Litauen, Energiewirtschaft 2009/10.

Guthardt, Helmut (1998)

Kreditinstitute als Träger der Unternehmensfinanzierung. In: Finanzierungshandbuch. Christians, Wilhelm F. (Hrsg.), 2. Aufl., Wiesbaden, S. 33-60.

Hartmann-Wendels, Thomas / Pfingsten, Andreas / Weber, Martin (2007)

Bankbetriebslehre. 4. Aufl., Berlin / Heidelberg / New York.

Hett, Felix (2007)

Belarus unter Druck? Die belarussisch-russischen Energiekonflikte und ihre Folgen, 11/2007. Stiftung Wissenschaft und Politik (SWP) Diskussionspapier FG 5 2007/16.

Holtbrügge, Dirk / Puck, Jonas F. (2009)

Stakeholder-Netzwerke ausländischer Unternehmungen in Russland: Eine empirische Studie. In: Internationale Unternehmensführung. Entscheidungsfelder und politische Aspekte. Moser, Reinhard (Hrsg.), 1. Aufl., Wiesbaden. S. 33-66.

Houben, Eike (2003)

Optimale Vertragsgestaltung bei Venture-Capital-Finanzierungen. Diss. Kiel (2003), 1. Aufl., Wiesbaden.

Huinink, Johannes / Schröder, Torsten (2008)

Sozialstruktur Deutschlands, Konstanz.

Hutton, R. Bruce / D'Antonio, Louis / Johnsen, Tommi (1998)

Socially Responsible Investing: Growing Issues and New Opportunities. In: Organization Environment Bd. 16, Nr. 3, 9/2003, S. 352-368.

HypoVereinsbank (2005)

Investitionsleitfaden Slowenien. Ein Überblick über Land, Förderungen, Finanzierungen und rechtliche Grundlagen, 1/2005. Bank Austria Creditanstalt AG (Hrsg.), Essenbach.

IEA International Energy Agency (2004)

World Energy Outlook 2004, Annex E, Definitions, Abbreviations and Acronyms. OECD / IEA, IEA Publications, France.

IEA International Energy Agency

Webadresse: http://www.iea.org, aufgerufen am 25.11.2010.

IFC International Finance Corporation (2010a)

Annual Report 2010: where innovation meets impact. International Finance Corpora-tion, Washington D.C.

IFC International Finance Corporation (2010b)

IFC in Renewable Energy / Energy Efficiency Sector. Technologies for Sustainability and Energy Efficiency, 6/2010, Belgrad.

IMF International Monetary Fund

Webadresse: http://www.imf.org/, aufgerufen am 15.10.2010.

Irish Press Releases (2010)

Greenfield Project Management Ltd: Officers announce their resignation. Filed in EnvironmentalAppointmentsEnergy, vom 10.08.2010.

ISET Institut für Solare Energieversorgungstechnik (2006)

Effizienz der Windenergie. Auszug aus Windenergie Report Deutschland 2005. Bun-desverbandes WindEnergie e.V., Berlin.

Issing, Otmar (1984)

Subventionen – Gefahr für die soziale Marktwirtschaft. In: Mehr soziale Marktwirt-schaft – Weniger Subventionswirtschaft. Ludwig-Erhard-Stiftung e.V. (Hrsg.), Stutt-gart / New York, S. 3-16.

Janus, Hans (2010)

Exportkreditgarantien des Bundes: Exportförderung mit Hermesdeckungen auch in Zeiten der globalen Wirtschaftskrise. In: Zeitschrift für die gesamte Versicherungswis-senschaft Bd. 99, Nr. 3, 13.05.2010, S. 335-348.

Jokisch, Jens / Mayer, Matija D. (2002)

Grunglagen finanzwirtschaftlicher Entscheidungen, München / Wien.

Justice, Sophie (2009)

Private Financing of Renewable Energy. A Guide for Policymakers, 12/2009. Renewable Energy Finance Project, Chatham House / Bloomberg New Energy Finance / UNEP Sustainable Energy Finance Initiative (Hrsg.).

Kaltschmitt, Martin (2006)

Erneuerbare Energien. Systemtechnik, Wirtschaftlichkeit, Umweltaspekte. Kaltschmitt, Martin / Streicher, Wolfgang / Wiese, Andreas (Hrsg.), 4. Aufl., Berlin / Heidelberg, S. 1-22.

Kaltschmitt, Martin (2009)

Energie aus Biomasse. Grundlagen, Techniken und Verfahren. Kaltschmitt, Martin / Hartmann, Hans / Hofbauer, Herman (Hrsg.), 2. Aufl., Berlin Heidelberg.

Knoedler, Janet T. / Prasch, Robert E./ Champlin, Dell P. (Hrsg.) (2007)

Thorstein Veblen and the Revival of Free Market Capitalism, 11/2007, Cheltenham.

Knoll-Biermann, Thomas / Mashonsky, Sergey / Vabishevich, Svetlana (2007)

Lohnendes Engagement? Rechtliche und steuerliche Rahmenbedingungen für Investitionen in Belarus, 9/2007. Arzinger&Partner / OWC Ost-West-Contact (Hrsg.), Münster.

Konstantin, Panos (2009)

Praxis Handbuch Energiewirtschaft. Energieumwandlung, -transport und -beschaffung im liberalisierten Markt. 2. Aufl., Berlin / Heidelberg.

Kopper, Hilmar (1988)

Klassische Außenhandelsfinanzierung. In: Finanzierungshandbuch. Christians, Wilhelm F. (Hrsg.), 2. Aufl., Wiesbaden, S. 367-396.

Kortmann, Walter (2004)

Subventionen: Die verkannten Nebenwirkungen. Wissenschaft für die Praxis. In: Wirtschaftsdienst 84. Jg., 7/2004, S. 462-472.

Kose, M. Ayhan / Prasad, Eswar. S. (2010)

Emerging Markets Come of Age. In: Finance & Development, a quarterly publication oft the IMF Internationaly Monetary Fund: Emerging Markets, a place at the table Bd. 47, Nr. 4, 12/2010, Ashburn, S. 7-10.

Kossoy, Alexandre / Ambrosi, Philippe (2010)

The World Bank State and Trends of the Carbon Market 2010, 5/2010. Carbon Finance at the World Bank, Washington D.C.

Kot, Anna (2010)

Die größte in Belarus Windkraftanlage wird im Dezember starten, vom 09.11.2010, Minsk. BelTa Belarussische Telegraphenagentur, elektronisch veröffentlicht unter dem URL: http://www.belta.by/ru/all_news/economics/Samaja-krupnaja-v-Belarusi-vetroenergeticheskaja-ustanovka-nachnet-rabotat-v-dekabre_i_530854.html, aufgerufen am 25.01.2011.

Krewitt, Wolfram / Schlomann, Barbara (2006)

Externe Kosten der Stromerzeugung aus erneuerbaren Energien im Vergleich zur Stromerzeugung aus fossilen Energieträgern, 5/2007. Im Auftrag des Zentrums für Sonnenenergie- und Wasserstoff-Forschung Baden-Württemberg (ZSW).

Kriedel, Norbert (2008)

Beschäftigungseffekte durch den Ausbau der erneuerbaren Energien in Norddeutschland, 3/2008, Research Paper 1-13, Hamburgisches WeltWirtschaftsInstitut (HWWI).

Kruschwitz, Lutz (2004)

Finanzierung und Investition. 4. Aufl., München.

Kundas, Semjon P. / Tarasenko, Vladimir V. / Pazniak, Sergey S. (2007)

Role of renewable energy sources in enhancement of environmental and energy security of Belarus. In: Strategies to Enhance Enviromental Security in Transition Countries, Hull, Ruth N. / Barbu, Constantin-Horia / Goncharova, Nadezhda (Hrsg.), Dordrecht, S. 279-294.

Langner, Class (2009)

Hermesdeckungen Spezial: Erneuerbare Energien, 10/2009. Euler Hermes Kreditver-sicherungs-AG Exportkreditgarantien der Bundesrepublik Deutschland.

Liefner, Ingo (2006)

Ausländische Direktinvestitionen und internationaler Wissenstransfer nach China. Bd. 34, Habil. Hannover (2005), Berlin.

Liessem, Alexander (2011)

Der Wertpapier- und M&A-Markt in Belarus lockt Investoren mit attraktiveren Rah-menbedingungen, 1/2011. bnt Rechts- und Steuerberatung in Mittel- und Osteuropa.

Liming, Huang (2008)

Financing rural renewable energy: A comparison between China and India. In: Re-newable and Sustainable Energy Reviews Bd. 13, Nr. 5, 6/2009, S. 1096–1103.

Lindlein, Peter / Mostert, Wolfgang (2005)

Financing Renewable Energy. Instruments, Strategies, Practice Approaches, 12/2005. KFW Bankengruppe Group Communications, Frankfurt am Main.

Lindner, Rainer (2007)

Blockaden der „Freundschaft". Der Russland-Belarus-Konflikt als Zeitenwende im postsowjetishen Raum, 1/2007. SWP Stiftung Wissenschaft und Politik SWP-Aktuell 2007/A 03, Berlin.

Madlener, Reinhard / Michelsen, Christian (2008)

Finanzierung innovativer Energietechnologien als ein wichtiger Einflussfaktor für Marktdiffusion und Politikgestaltung. In: UMF Umweltwirtschaftsforum Bd. 16, Nr. 3, 9/2008, S. 159-164.

Malerius, Stephan (2010)

Länderbericht. Präsidentschaftswahlen in Belarus, vom 20.12.2010, Konrad-Adenauer-Stiftung e.V.

Martinot, Eric (2010)

Renewable power for China: Past, present, and future. In: Frontiers of Energy and Power Engeneering in China, 2010. Bd. 4, Nr. 3, S. 287-294.

Matsuo, Naoki (2003)

CDM in the Kyoto Negotiations: How CDM Has Worked as a Bridge between Developed and Developing Worlds? In: Mitigation and Adaptation Strategies for Global Change, Bd. 8, Nr. 3, 9/2003, S. 191-200.

Meißner, Frank / Ueckerdt, Falko / Schenk, Jürgen (2010)

Erneuerbare Energien in Belarus: Herausforderung für Versorgungssicherheit, FDI und Klimaschutz. [PP/04/2010], GET German Economic Team, Berlin / Minsk.

Meister, Stefan (2010)

Russlands Beziehungen zur Ukraine und zu Belarus, vom 23.04.2010, DGAP Deutsche Gesellschaft für auswärtige Politik e.V., elektronisch veröffentlicht unter dem URL:http://aussenpolitik.net/themen/eurasien/russland/russlands_beziehungen_zur_uk raine_und_zu_belarus/ , aufgerufen am 25.07.2010.

Meyer, Harald (2010a)

Wirtschaftstrends kompakt. Belarus Jahresmitte 2010, vom 07.07.2010, GTAI Germany Trade and Invest Gesellschaft für Außenwirtschaft und Standortmarketing (Hrsg.), Broschüre, Bonn.

Meyer, Harald (2010b)

Wirtschaftstrends Belarus. Jahreswechsel 2010/11. GTAI Germany Trade and Invest Gesellschaft für Außenwirtschaft und Standortmarketing.

Minenkov, Andrej (2010)

Nutzung erneuerbarer Energien in der Republik Belarus, vom 22.04.2010. Staatskomitee für Standardisierung der Republik Belarus, Minsk.

Ministerratsbeschluss der Republik Belarus Nr. 1152 vom 02.08.2010

„Über Investitionsvertragsabschluss zwischen der Republik Belarus und dem Unternehmen TDF Ecotech AG (Schweiz) über die Realisierung des Investitionsprojektes zur Projektierung, Bau und Betrieb von Biogasanlagen", Register der Gesetzgebungsakte der Republik Belarus Nr. 5/32293 vom 05.08.2010.

Ministerratsbeschluss der Republik Belarus Nr. 1155 vom 07.09.2006

„Strategie der Minderung von Treibhausgasemissionen und Erhöhung der CO_2-Absorption in der Republik Belarus in 2007 – 2012". Register der Gesetzgebungsakte der Republik Belarus Nr. 5/22879 vom 12.09.2006.

Ministerratsbeschluss der Republik Belarus Nr. 1180 vom 09.08.2010

„Über die Festlegung der Entwicklungsstrategie des Energiepotentials der Republik Belarus", Register der Gesetzgebungsakte der Republik Belarus Nr. 5/32338 vom 17.08.2010.

Ministerratsbeschluss der Republik Belarus Nr. 1330 vom 10.09.2008

„Über einige Fragen des Energieministeriums" per 2010, Register der Gesetzgebungsakte der Republik Belarus Nr. 8/20897 vom 08.05.2009.

Ministerratsbeschluss der Republik Belarus Nr. 1449 vom 06.11.2010

„Über die Realisierungsmaßnahmen des Dekretes des Präsidenten der Republik Belarus Nr. 10 vom 6.08.2009", Register der Gesetzgebungsakte der Republik Belarus Nr. 5/30737 vom 13.11.2009.

Ministerratsbeschluss der Republik Belarus Nr. 1760 vom 17.12.2007

"Über das staatliche Programm für die Biodiesel-Produktion in der Republik Belarus für die Jahre 2007-2010" Register der Gesetzgebungsakte der Republik Belarus Nr. 5/26424, vom 21.12.2008.

Ministerratsbeschluss der Republik Belarus Nr. 1942 vom 16.12.2008

„Über die Errichtung der Tarife für die Bevölkerung für Instandhaltung von Häusern sowie von Preisen und Tarifen für kommunale Dienstleistungen", Register der Gesetzgebungsakte der Republik Belarus Nr. 5/28965 vom 18.12.2008.

Ministerratsbeschluss der Republik Belarus Nr. 788 vom 26.06.1997

„Über Fragen des belarussischen staatlichen Konzerns für Rohöl und chemische Industrie" per 2010, Register der Gesetzgebungsakte der Republik Belarus Nr. 5/7229 vom 21.08.2001.

Ministerratsbeschluss der Republik Belarus Nr. 885 vom 09.06.2010

„Über die Festlegung des Programms zum Bau von Biogasanlagen für 2010-2012", Register der Gesetzgebungsakte der Republik Belarus Nr. 5/32007 vom 11.06.2010.

Modigliani, Franco / Miller, Merton H. (1958)

The cost of capital, corporation finance and the theory of investment. In: American Economic Review Bd. 48, Nr. 3, S. 261-297.

Müller-Känel, Oliver (2009)

Mezzanine Finance. Neue Perspektiven in der Unternehmensfinanzierung. Diss. St. Gallen (2003), 3. Aufl., Swiss Privat Equity & Corporate Finance Association (Hras.), Schweiz.

Müller, Jörg (2011)

Pressemitteilung vom 8.02.2011, Enertrag EnergieInvest GmbH, Dauerthal.

Nationalbank der Republik Belarus

Webadresse: http://www.nbrb.by/, aufgerufen am 19.01.2011.

Nationales Komitee für Statistik der Republik Belarus

Webadresse: http://belstat.gov.by/, aufgerufen am 20.11.2010.

Neurath, Axel / Stöhrer, Conny (2003)

Finanzinvestor oder strategischer Investor? Vor- und Nachteile beim Unternehmensverkauf aus Sicht des mittelständischen Unternehmens im Rahmen der Unternehmensnachfolge, 5/2003. Transfer Partners Unternehmensgruppe, Düsseldorf.

Nevitt, Peter K. / Fabozzi, Frank J. (2000)

Project Financing. 7. Aufl., London.

o.V. (2007)

Ireland to set up two joint ventures to produce ethanol fuel. vom 11.07.2007, Minsk, BelTa Belarussische Telegraphenagentur, elektronisch veröffentlicht unter dem URL: http://news.belta.by/en/news/econom/?id=165885, aufgerufen am 05.12.2010.

o.V. (2008)

Russlands Öl-Export mit 333,8 Dollar je Tonne auf Rekordhoch, vom 16.01.2008, RIA Novosti Russische Agentur für internationale Informationen, elektronisch veröffentlicht unter dem URL: http://de.rian.ru/business/20080116/97090877.html, aufgerufen am 20.12.2010.

o.V. (2010a)

Gazprom droht Weißrussland mit Lieferstopp, vom 20.06.2010. WELT ONLINE, elektronisch veröffentlicht unter dem URL: http://www.welt.de/wirtschaft/article8112643/Gazprom-droht-Weissrussland-mit-Lieferstopp.html, aufgerufen am 18.12.2010.

o.V. (2010b)

Belarus's Lukashenko accuses Gazprom of unleashing 'gas war', vom 22.06.2010, RIA Novosti Russische Agentur für internationale Informationen, elektronisch veröffentlicht unter dem URL: http://en.rian.ru/russia/20100622/159529546.html, aufgerufen am 14.01.2011.

o.V. (2010c)

Belarus senkt 2010 die BIP-Energieintensität, vom 23.07.2010, Minsk, BelTa Belarussische Telegraphenagentur, elektronisch veröffentlicht unter dem URL: http://news.belta.by/de/news/econom?id=560826, aufgerufen am 25.01.2011.

o.V. (2010d)

Swiss TDF Ecotech AG to construct biogas plants, vom 23.08.2010, Minsk. BelTa Belarussische Telegraphenagentur, elektronisch veröffentlicht unter dem URL: http://news.belta.by/en/news/econom/?id=572026, aufgerufen am 14.01.2011.

Obst, Georg / Hintner, Otto (2000) Geld-, Bank- und Börsenwesen. Hagen, Jürgen von / Stein, Jonann H. von (Hrsg.), 40. Aufl., Stuttgart.

OWC Ost-West-Contact / Belarus Aktuell (2010)

Zeitschrift, Sonderausgabe zum 12. Minsk Forum „Dialog zu Östlicher Partnerschaft", 1/2010. Falkner, Jutta / Leger, Klaus (Hrsg.), Münster.

Padalko, Leonid / Zaborovsky, Alexander (2004)

Restrukturierung und Entwicklung des belarussischen Strommarktes im Hinblick auf Integrationsprozesse mit Russland und der Europäischen Union. In: Das Belarussische Zeitschrift für internationales Recht und internationale Beziehungen, Nr. 3/2004, Minsk.

Pashiniskij, V. / But'ko, A. (2010)

Entwicklungsperspektiven des Energiesektors auf der Grundlage von erneuerbaren Energien. Information-analytischen Zeitschrift *Wissenschaft und Technologie*, Nr. 4 (13), Minsk.

Pease, Kelly-Kate S. (2003)

International Organisations. Respectives on Governance in the Twenty-First Century. 2. Aufl., New Jersey.

Pehnt, Martin (2010)

Energieeffizienz – Definitionen, Indikatoren, Wirkungen. In: Energieeffizienz. Ein Lehr- und Handbuch. Pehnt, Martin (Hrsg.), Berlin Heidelberg, S. 1-34.

Perridon, Louis / Steiner, Manfred (2002)

Finanzwirtschaft der Unternehmung. 11. Aufl., München.

Pfeifer, Benjamin (2009)

Zur Nachhaltigkeitsorientierung von Private Equity-Investoren. Diss. Oestrich-Winkel (2008), Klangt, Heinz / Szyperski, Norbert et al. (Hrsg.), 1. Aufl., Lohmar-Köln.

Picot, Arnold (1982)

Transaktionskostenansatz in der Organisationstheorie. Stand, Diskussion und Aussagewert. In: Die Betriebswirtschaft Nr. 42, S. 267-284.

Pontenagel, Irm (1995)

Das Potenzial erneuerbarer Energien in der Europäischen Union. Ansätze zur Mobilisierung erneuerbarer Energien bis zum Jahr 2020. Pontenagel, Irm / Hau, Erich (Hrsg.), Berlin / Heidelberg.

Preißler, Peter R. (2008)

Betriebswirtschaftliche Kennzahlen. Formeln, Aussagekraft, Sollwerte, Ermittlungsintervalle. München.

Priermeier, Thomas (Hrsg.) (2005)

Der Prozess der Risikosteuerung. In: Finanzrisikomanagement im Unternehmen: ein Praxishandbuch, München, S. 17-102.

Przybilla, Anne (2008)

Projektfinanzierungen im Rahmen des Risikomanagements von Projekten. Kramer, Jost W. et al. (Hrsg.), 1. Aufl., Bremen.

Sauermann, Martin (2010)

Übernahmen deutscher Aktiengesellschaften durch Finanzinvestoren. Theorie, Empirie und Fallstudien. Diss. Düsseldorf (2010), Locarek-Junge, Hermann / Röder, Klaus / Wahrenburg, Mark (Hrsg.), 1. Aufl., Lohmar-Köln.

Savchenko, Andrew (2009)

Belarus: a perpetual borderland. Academic Publishers, Leiden.

Shenets, Leonid (2008)

Biomass Energy Project. UNECE Steering Committee of the Energy Efficiency, 5/2008, Geneva.

Schlecht, Otto (1988)

Subventionen als Finanzierungsinstrument. In: Finanzierungshandbuch. Christians, Wilhelm F. (Hrsg.), 2. Aufl., Wiesbaden, S. 829-845.

Schmidt, Janine / Mühlenhoff, Jörg (2010)

Erneuerbare Energien 2020. Potenzialatlas Deutschland. AEE Agentur für Erneuerbare Energien e.V. (Hrsg.), 2. Aufl., Berlin.

Schmidt, Reinhard H. / Terberger, Eva (1997)

Grundzüge der Investitions- und Finanzierungstheorie. 4 Aufl., Wiesbaden.

Sinkevich, Mihail (2010)

In Belarus werden Rahmenbedingungen für Investitionen in kleine Energieprojekte geschaffen, vom 05.07.2010, Minsk. BelTa Belarussische Telegraphenagentur, elektronisch veröffentlicht unter dem URL: http://www.minenergo.gov.by/ru/news/min/?id=623, aufgerufen am 25.01.2011.

Spreemann, Klaus (1991)

Investition und Finanzierung. 4. Aufl. München / Wien.

Stein, Ingo (1994)

Die Theorien der Multinationalen Unternehmung. In: Kompendium der Internationalen Betriebswirtschaftslehre. Schoppe, Siegfried G. (Hrsg.), 3. Aufl., München Wien, S. 49-152.

Strietzel, Markus (2005)

Unternehmenswachstum durch Internationalisierung in Emerging Markets. Eine neo-kontingenztheoretische Analyse. Diss. Oestrich-Winkel (2005), Ronald Berger Strategy Consultants (Hrsg.), 1. Aufl., Wiesbaden.

Stukenbrock, Kai / Gill, Frank (2009)

Republic of Belarus, Publication, vom 13.10.2009, S&P Standard & Poor's Financial Services LLC, elektronisch veröffentlicht unter dem URL: http://www.standardandpoors.com/ratings/articles/en/us/?assetID=1245185058824, aufgerufen am 15.02.2011.

Süchting, Joachim (1988)

Entwicklungen auf den internationalen Finanzmärkten. In: Finanzierungshandbuch. Christians Wilhelm F. (Hrsg.), 2. Aufl., Wiesbaden, S. 145-158.

Suck, Andrè (2008)

Erneuerbare Energien und Wettbewerb in der Elektrizitätswirtschaft. Staatliche Regulierung im Vergleich zwischen Deutschland und Großbritannien. 1. Aufl., Wiesbaden.

Sutton, John (1998)

Technology and Market Structure: Theory and History. Massachusetts.

The World Bank (2010)

Lights Out? The Outlook for Energy in Eastern Europe and the Former Soviet Union. The International Bank for Reconstruction and Development / The World Bank, Washington D.C.

The World Bank / IFC International Finance Corporation (Hrsg.) (2009)

Doing Business 2010. Comparing Regulation In 183 Economies. IBRD / The World Bank, Washington DC.

The World Bank / IFC International Finance Corporation (Hrsg.) (2011)

Doing Business 2011, Comparing Regulation In 183 Economies. IBRD / The World Bank, Washington DC.

The World Bank Group

Webadresse: http://data.worldbank.org/, aufgerufen am 05.01.2011.

Tochitskaya, Irina / Rakova, Elena / Shymanovich, Gleb (2007)

Gaspreiserhöhung: Neue Herausforderungen für die belarussische Wirtschaft. [WP/07/03], IPM Research Center, Minsk.

Transparency International (2010)

Corruption Perceptions Index 2010, 10/2010.

UNCTAD United Nations Conference on Trade and Development (2009)

Investment Policy Review Republic of Belarus, vom 10/2009, United Nations Publication Nr. E.09.II.D.19, New York / Geneva.

UNDP United Nations Development Programme (2005)

Biomass Energy for Heating and Hot Water Supply in Belarus, Global Environment Facility Project Document Nr. BYE/02/G31, UNDP / GEF.

UNECE United Nations Economic Commission for Europe (2009)

Investor Interest and Capacity Building Needs. Financing Energy Efficiency Investments for Climate Change Mitigation Project, Nr. 09.II.E.17, United Nations, New York / Geneva.

UNECE United Nations Economic Commission for Europe (2010a)

Financing Global Climate Change Mitigation. ECE Energy Series Nr. 37, United Nations, New York / Geneva.

UNECE United Nations Economic Commission for Europe (2010b)

Policy reforms for energy efficiency investments. Financing Energy Efficiency Investments for Climate Change Mitigation, United Nations.

UNFCCC Kyoto Protocol to the United Nations Framework Convention on Climat Change (1998)

United Nations, 1998.

UNFCCC United Nations Framework Convention on Climat Change (2008)

Kyoto Protokol Reference Manual. On Accounting of Emmissions and Assigned Amount, UNFCCC United Nations Framework Convention on Climate Change, Bonn.

Utkina, Nataliya / Hercksen, Hans (2010)

Länderanalyse Belarus. Bayerische Landesbank, 6/2010.

Vassiliev, Dmitri (2010)

Schweizer TDF Group nimmt Minsker Deponie-Entgasungsprojekt in Betrieb. Pressemitteilung der TDF Technology AG vom 18.02.2010, Zug.

Vassiliev, Dmitri / Müller, Thomas (2010)

TelDaFax startet erste Anlage zur Deponieentgasung in Minsk. Aufbruch zu einem grünen Weißrussland. Pressemitteilung der TelDaFax Holding AG vom 22.02.2010, Minsk / Troisdorf / Zug.

Volger, Helmut (2007)

Grundlagen und Strukturen der Vereinten Nationen. München.

Ward, John / Fankhauser, Sam / Hepburn, Cameron et al. (2009)

Catalysing low-carbon growth in developing economies. Public Finance Mechanisms to scale up private sector investment in climate solutions, 10/2009. UNEP United Nations Enviroment Programme et al. (Hrsg.).

Wieser, Ryan H. / Pickle, Steven / Goldmann, Charles (1997)

Renewable Energy and Restructuring: Policy Solutions for the financing Dilemma, 12/1997. The Electricity Journal Bd. 10, Nr. 10, S. 65-75.

Wiesner, Knut (2004)

Internationales Management: Wirtschafts- und Sozialwissenschaftliches Repetitorium. München.

Wiesner, Stefan (2002)

Stoffquellen. In: Gewässerschutz und Abwasserbehandlung. Görner, Klaus / Hübner, Kurt (Hrsg.), Berlin.

Wilhelmi, Daniel (2007)

Emerging Markets, 3. Aufl., Ochenfurt.

Williamson, Oliver E. (1975)

Markets and Hierarchies: Analysis and Antitrust Implications. The Free Press, New York.

Williamson, Oliver E. (1985)

The Economic Institutions of Capitalism. The Free Press, New York.

Wiser, Ryan H. / Pickle, Steven J. (1998)

Financing investments in renewable energy: the impacts of policy design. In: Renewable and Sustainable Energy Reviews Bd. 2, Nr. 4, S. 361-386.

Wiser, Ryan H. / Porter, Kevin / Clemmer, Steve (2000)

Emerging Markets for Renewable Energy: The Role of State Policies during Restructuring. In: The Elektricity Journal Bd.13, Nr. 1, S. 13-24.

Woyke, Wichard (1995)

Europäische Organisationen: eine Einführung. München / Wien.

WWEA World Wind Energy Association (2010)

World Wind Energy Report 2009, WWEA, Bonn.

Yablokov, Alexey V. / Nesterenko Vassily B. / Nesterenko, Alexey V. (2009)

Chernobyl: Consequences of the Catastrophe for People and the Environment. Sherman-Nevinger, Janette D. (Hrsg.), New York.

Zachmann, Georg / Zaborovskiy, Alexander/ Giucci, Ricardo (2008)

Restructuring the Belarusian Electricity Sector: Setting the Agenda. [PP/05/2008], GET German Economic Team / IPM Research Center, Berlin / Minsk.

Zachmann, Georg / Zaborovsky, Alexander (2008)

The case for tariff differentiation in the Belarusian electricity sector. [PP/04/2008], GET German Economic Team / IPM Research Center, Berlin / Minsk.

Zachmann, Georg / Zaborovsky, Alexander (2009)

The Belarusian Electricity Sector: Financing Sources for Investments. [PP/03/2009], GET German Economic Team / IPM Research Center, Berlin/Minsk.